insel taschenbuch 4880
Zeit zum Genießen

»Der geglückte Tag ist unvergleichlich. Er ist einzigartig«, weiß Peter Handke. Doch was macht einen geglückten Tag aus? Einfach im Bett bleiben, wie Fontane vorschlägt? Einen Einkaufsbummel machen wie Lily Brett oder Fahrrad fahren wie Thomas Bernhard? Bügeln und putzen? Oder doch lieber die Stille bei einem Glas Wein und einem guten Buch genießen?

Das Leben genießen … das kommt in der Hektik des Alltags oft zu kurz. Der vorliegende Band lädt ein, schöne Augenblicke und genussvolle Momente mit berühmten Autorinnen und Autoren zu teilen – und er möchte dazu verführen, Neues zu entdecken und auszuprobieren.

Mit Texten von Lily Brett, Eva Demski, Mascha Kaléko, Else Lasker-Schüler, Rose Tremain, Thomas Bernhard, Hermann Hesse, Peter Bichsel, Peter Handke, Lars Mytting, Hanns-Josef Ortheil, Karl-Heinz Ott u.v.a.

Zeit zum Genießen

Fünfzig Verführungen

Ausgewählt von Gesine Dammel

Insel Verlag

Erste Auflage 2021
insel taschenbuch 4880
Originalausgabe
© Insel Verlag Berlin 2021
Alle Rechte vorbehalten, insbesondere das
der Übersetzung, des öffentlichen Vortrags sowie der
Übertragung durch Rundfunk und Fernsehen,
auch einzelner Teile.
Kein Teil des Werkes darf in irgendeiner Form
(durch Fotografie, Mikrofilm oder andere Verfahren)
ohne schriftliche Genehmigung des Verlages
reproduziert oder unter Verwendung elektronischer Systeme
verarbeitet, vervielfältigt oder verbreitet werden.
Quellenverzeichnis am Schluss des Bandes
Vertrieb durch den Suhrkamp Taschenbuch Verlag
Satz: Satz-Offizin Hümmer GmbH, Waldbüttelbrunn
Druck: CPI books GmbH, Leck
Printed in Germany
ISBN 978-3-458-68180-9

Inhalt

Rainer Maria Rilke

Augenblick

Ich liebe diese Stunde, die anders ist, kommt und geht. Nein, nicht die Stunde, diesen Augenblick liebe ich, der so still ist. Diesen Anfangs-Augenblick, diese Initiale der Stille, diesen ersten Stern, diesen Anfang. Dieses Etwas in mir, das aufsteht, wie junge Mädchen aufstehn in ihrer weißen Mansarde. In der weißen Mansarde, in der sie wohnen, seit sie erwachsen sind. (O das kam eines Tages und da verwandelte sich das ganze Haus.) Nun aber ist die weiße Mansarde das Leben und wenn man am Morgen an das immer offene Fenster tritt, so sieht man die Welt. Große Bäume sieht man, die immer noch wachsen, Vögel sieht man und große Zweige schwanken von ihrem Abflug und es ist, als wäre der Wind in einem Tier und in den Stämmen die Stille.

Ich liebe diesen Wind, diesen weiten verwandelnden Wind, der dem Frühling vorangeht, ich liebe das Geräusch dieses Windes und seine ferne Gebärde, die mitten durch alle Dinge geht, als wären sie nicht.

Diese Nacht liebe ich. Nein, nicht diese Nacht, diesen Nachtanfang, diese eine lange Anfangszeile der Nacht, die ich nicht lesen werde, weil sie kein Buch für Anfänger ist. Diesen Augenblick liebe ich, der nun vorüber ist und von dem ich, da er verging, fühlte, daß er erst sein wird. –

Christine Nöstlinger

Ausspannen!

»Ausspannen und abschalten sollten Sie einmal ein paar Tage!« Diesen Rat gibt man gern denen, die überlastet, überarbeitet und gestresst wirken. Der Rat ist ja wahrlich ein guter, nur fruchtet er leider meistens kaum, denn nichts im Leben fällt manchen Leuten schwerer als geruhsame Untätigkeit.

Sie sind ans »Eingespanntsein« so gewöhnt wie ein alter Droschkengaul, sie sind so eingeschaltet wie ein zwölfflammiger Luster und haben keinen Kippschalter zum Abdrehen.

Ich weiß, wovon ich rede, denn ich gehöre auch zu dieser Sorte von Menschen. Nichts wünsche ich mir sehnlicher, als eine Woche lang einfach gar nichts tun zu müssen. Doch kommt dann alle paar Jahre einmal tatsächlich so eine Woche, dann bin ich ratlos und verwirrt.

Diese raren Wochen können mir natürlich nur in der Fremde zustoßen, denn daheim finden sich Leute wie ich, wenn sie der Berufsarbeit entsagen, schnell eine berufsfremde Arbeit, die sie schuften lässt wie Stachanow.

Eine alte Kredenz abbeizen etwa, alle Fenster streichen, die Möbel umstellen, den Dachboden entrümpeln, einen Blazer schneidern oder andere ungeheuer lebenswichtige Beschäftigungen.

Und der schöne Stress, diese Arbeit in der arbeitsfreien Zeit zu schaffen, ist gegeben.

In ferner Fremde jedoch bleiben einem derartige tagesfüllende Tätigkeiten verschlossen, und dann hockt man, sei es am Strand, sei es auf der Wiese, sei es in der Hotelbar, und tut unheimlich locker und entspannt, ganz so, als sei man beglückt dem Nichtstun hingegeben.

Aber tief drinnen in einem, da ist alles angespannt und irgendwas vibriert und liegt auf der Lauer. Und klingelt das Telefon auf der Theke der Hotelbar, zuckt man zusammen und fühlt sich betroffen.

Dass einen hier Telefongeklingel gar nichts angeht, dass hier absolut keiner etwas von einem will, muss man erst lernen. Es lässt sich natürlich lernen.

Am vierten Ausspanntag irritiert die Telefonklingel nicht mehr, am fünften schafft man es schon, in der Sonne zu dösen, ohne an zukünftige oder vergangene Berufsarbeit zu denken.

Am sechsten gelingt einem schon ein dreistündiger Mittagsschlaf, und am siebenten hätte man das Ausspannen und Abschalten kapiert.

Aber da muss man dann leider abreisen.

Franziska Wolffheim

Capri in der Badewanne

Seit Tagen liegt eine dicke Schneedecke auf der Stadt und macht keine Anstalten zu schmelzen. Ich werde mir diese Tage im Kalender anstreichen, denn eine solche Kette weißer Tage gibt es kaum noch bei uns im Norden. Ab und zu fährt ein Windstoß durch die Bäume und lässt den Schnee aufstäuben. Das Thermometer zeigt Minusgrade, die Dämmerung knabbert früh am Tageslicht. Mein Spaziergang am Nachmittag endet schnell und mit einem klar definierten Ziel – der Badewanne.

Das heiße Wasser rauscht in die Wanne. Dazu gibt es Badeschaum mit Aromen von Orange und Thymian – Mittelmeer. Und ein aufblasbares rotes Badekissen für den Nacken. Ich strecke mich in der Wanne aus, Dampfwolken steigen zur Decke hoch und umnebeln sanft mein Hirn. Auf meiner Brust liegt ein großer Schaumberg, drum herum viele kleine Schaumhügel, eine schöne Insellandschaft, die sich ständig verändert und leise knistert. Sobald der Schaum auf meiner Brust geschmolzen ist, hole ich mit dem Fuß einen neuen Berg zu mir heran. Ab und zu puste ich hinein, und die weiße Kuppe fliegt davon.

Ich schwitze und werde immer träger. Alle unangenehmen Pflichten, die irgendwo in der Wohnung noch auf mich warten, verdampfen in der Wanne. Ich lasse mich tiefer nach unten sinken, nur die Knie schauen heraus, wie zwei einsame Felsen. Schaum sammelt sich um die Felsen herum, und ich sehe zu, wie er langsam zerfällt. Der Fokus wird immer kleiner, eine Welt auf zwei Quadratmetern. »Es muss einige Dinge geben, gegen die ein heißes Bad nicht hilft, aber ich kenne nicht viele«, hat Sylvia Plath geschrieben.

Ich döse vor mich hin, ohne irgendetwas zu wollen. Die sonst anarchisch in meinem Kopf hin und her springenden Gedanken haben sich ohne mein Zutun verflüchtigt. In mir ist eine große wohltuende Leere. Loslassen. Vermutlich wurde das Wort von jemandem erfunden, der in der Badewanne lag.

Während ich weiter döse, ändert sich unversehens das Bild. Ich treibe durch das warme Mittelmeer im Golf von Neapel, die Wellen tanzen und haben kleine Schaumkronen. In der Ferne sehe ich Ischia und Procida, nicht weit entfernt von mir ragen die Faraglioni, die steilen Felskegel von Capri auf. Wenn es einen Schöpfer gibt, muss er mindestens drei Gläser Spumante getrunken haben, als er sie ins Meer warf. Jemand hat mal gesagt, der Golf von Neapel sei so schön, dass es fast schon kriminell ist. Die Idee der verbrecherischen Schönheit gefällt mir.

Ich treibe durch das Meer, das in der Sonne türkisfarben leuchtet, möchte gar nicht irgendwo ankommen, darum geht es nicht. Sanft gleite ich durch den Bogen des mittleren Capri-Felsens hindurch. Und denke an die ein bisschen schmonzettenhafte Legende, nach der sich Liebespaare bei der Durchfahrt auf dem Boot küssen sollen, um das Glück auf ihre Seite zu ziehen. Ich treibe immer weiter, lande in der Marina Piccola auf der Südseite von Capri, am Fuß der Steilhänge des Monte Solaro, wo das Wasser am wärmsten ist. Sehe den Scoglio delle Sirene, den Sirenenfelsen, stelle mir die lauernden Frauenvogelwesen vor, die versucht haben, Odysseus mit ihren Gesängen zu betören. Was trieb ihn, was wollte er sich beweisen, als er sich am Mast seines Schiffes festbinden ließ und an seiner Sehnsucht litt wie ein Hund? Warum hat er sich nicht Wachs in die Ohren gestopft wie seine Gefährten? Ich gleite weiter, jetzt auf den fernen Vesuv zu, über seinem Wipfel hängen ein paar Wolken, aber vielleicht ist es auch Rauch. Ich kann die Zeichen nicht deuten, ob er bald wieder spuckt oder nicht, aber ich muss nichts verstehen, kann einfach schauen.

Plötzlich merke ich, dass mir kühl geworden ist. Die Sonne steht jetzt tiefer über dem Golf. Meine Augen brennen ein bisschen vom Salzwasser. Ich bewege kräftig meine Arme und Beine auf und ab, neben mir schwimmt jetzt ein rotes Kissen, und mit einem Mal liege ich wieder in der Badewanne. Der Schaum ist komplett zerfallen, die Dampfwolken sind abgezogen. Zeit zum Aufstehen.

Langsam steige ich aus dem Wasser. Nur mein Kopf ist nach wie vor woanders, in der Bucht im Mittelmeer. So weit bin ich noch nie in der Badewanne gereist.

Jürgen Becker

Bahnfahren

Wir fahren Bahn. Westfalen erwartet uns, zum Bodensee zieht es uns hin, in Bebra steigen wir um, Husum ist nicht weit. Wir speisen und schlafen in der Bahn, rauchend lehnen wir im langen Gang. Eine Bahnfahrt kann aufregend sein, wenn man eine Bekanntschaft macht. Als Herr erklärt man die Gegend, als Dame läßt man sich erklären die Gegend. Wie erklärt man, was es für ein eigenartiges Denken ist, wenn man in der Bahn an die Leute in ihren ruhigen unbeweglichen Häusern denkt? In der Bahn verliert man das Gefühl, immer gebunden und abhängig zu sein; es bleibt aber das Gefühl von Sicherheit, auch wenn man zu allen Abenteuern bereit ist. Die Landkarte in der Bahn zeigt die großen Zusammenhänge. Zähle die Menschen, die Schicksale, die Abschiede, die Wiedersehensfreuden, die Erlebnisse, die Unglücke, die Verspätungen, die Entscheidungen, die Trennungen, die Wartezeiten, die Unruhen, die Genüsse, die alle in diesem Augenblick zu tun haben mit der Bahn. Als wir Kinder waren, war die erste Sensation der Ferien die Bahn. Der Tunnel war endlos. In Gedanken ritten wir auf Pferden über Äcker, Gräben, Flüsse neben her der Bahn. Nachts hörten wir das nächtliche Rauschen. Wir sparten und sparten, um zur fernen Jugendliebe zu fahren mit der Bahn. Die Ziege ist vorm Wolf geschützt. Urlaub ist überall. Der Nebel hat uns nichts an. Das ärmste Land hat für den Ärmsten noch die Bahn. Der Reiche wird nicht reicher in der Bahn. Der Gesunde bleibt gesund. In jedem Dorf steht jemand und winkt, und soviel Fernweh, Heimweh, Sehnsucht, Kummer und Enttäuschung er hat, er ist nicht ausgeschlossen von der Bahn. Schimpfen darf jeder, kein Schaffner ist bewaffnet, Köche und Kellner werden nicht seekrank. Die Alpen. Der Harz. Die Eifel. Die Rhön. Das ganze Ausland, in das fährt die Bahn, aus dem fährt sie zurück, heim, wo immer das ist. So sind und bleiben, so denken, reden und handeln wir für die Bahn.

Theodor Fontane
Im-Bett-Bleiben

Was machen mit diesem »angebrochenen Tag«? Ich tat das Beste, was man, sobald diese Frage überhaupt auftaucht, tun kann: ich warf mich aufs Bett und schlief. Man sollte im Leben, ganz besonders aber auf Reisen viel häufiger davon Gebrauch machen, als es geschieht. Warum unterbleibt es? Weil die wenigsten unter uns mit dem Philistrismus vollständig gebrochen haben und immer neunhundertneunundneunzig unter tausend wie eine ewige Kükeneierschale die Vorstellung mit sich herumtragen, daß man um zehn oder elf zu Bett gehen und um sechs oder sieben aufstehen müsse. Wenige haben den Mut, zu essen, wenn sie hungern, noch weniger den Mut, zu schlafen, wenn sie müde sind. Alle haben wir eine Neigung, uns zum Sklaven der Stunde und der Überlieferung zu machen.

Tom Hodgkinson
Brotbacken

Wie bei all unseren Erfahrungen mit der Selbstversorgung waren auch unsere Versuche, zu Hause Brot zu backen, von Fehlschlägen und Enttäuschungen begleitet. Aber wenn alles klappt, schaffst du einen gleichermaßen wundervollen wie befriedigenden Hochgenuss für die Sinne. Ein gut durchgebackenes Brot aus dem Ofen herauszunehmen kommt einem Blick ins Paradies gleich. Die Kruste ist goldbraun, und das Brot ist wunderbar aufgegangen. Der Duft des Brotes schlägt dir entgegen, genau wie die Hitze des Ofens.

Nun sehen wir uns an, wie man Brot macht. Nimm eine sehr große Schüssel und fülle sie zur Hälfte mit Mehl. Rühre eine Handvoll Hefe und eine Handvoll Salz hinein. Dann mache in der Mitte eine Vertiefung und gieße, während du die ganze Zeit mit einem Holzlöffel umrührst, langsam lauwarmes Wasser hinein, bis du einen schönen Matsch hast. Füge einen Löffel Olivenöl (das die Feuchtigkeit im Brot halten soll) hinzu und rühre den Brei zwei Minuten lang um. Dann bestreue das Ganze sehr dünn mit einer Handvoll Mehl und bedecke die Schüssel mit einem Geschirrhandtuch. Die Masse wird zu blubbern und zu schäumen beginnen. Wenn der Teig an einem warmen Platz steht, wird er sich das erste Mal sehr schnell heben. An einem kühlen Ort geschieht das langsam. Manchmal stellen wir ihn über Nacht in den Kühlschrank, manchmal warten wir nur vier Stunden.

Jetzt schütte eine Ladung Mehl auf den Küchentisch und kippe den Matsch darauf. Nun vermischst du das Mehl mit dem Brei zu einem schön elastischen Teig. Drehe den Teig beim Kneten immer wieder um, ziehe ihn, falte ihn, schlage ihn – bring die

Luft hinein. Mach dies 10 bis 15 Minuten lang. Cobbett empfiehlt, einen ganzen Scheffel Mehl zu verwenden, also rund 25 Kilo. Wir nehmen immer insgesamt etwa ein Kilo Mehl und bekommen daraus vier oder fünf köstliche Brotlaibe.

Zerteile den Teig in mehrere Klumpen und lege sie auf ein Blech oder in Dosen. Bestreue sie mit ein wenig Mehl und schneide sie mit einem Messer tief ein. Bedecke sie wieder, damit sie warm bleiben und ihre Feuchtigkeit behalten. Lass sie gehen, bis sie etwa die doppelte Größe erreicht haben. Sie können an einem warmen Ort stehen bleiben, wo sie, wie zuvor, schnell auftreiben, oder an einem kühlen Platz, wo es länger dauert. Du kannst die Zeiten abhängig von deinem Terminplan auswählen. Der Ofen allerdings sollte sehr heiß sein, mindestens 250 Grad Celsius, und die Backzeit, je nach Ofentemperatur, 20 bis 30 Minuten betragen.

Du kannst mühelos ein ganz individuelles Brot backen und fast alles zu deiner Backmischung hinzufügen. Honig kann einen guten Geschmack ergeben, und manche nehmen zusätzlich Schmalz oder Milch; auch Haferflocken oder gekochte Erbsen oder Rosinen sind möglich. Es ist kinderleicht, dein eigenes, einzigartiges Brot zu erfinden, das so noch nie von irgendjemandem gemacht wurde. Und das ist der andere, sehr reizvolle Aspekt von selbst gebackenem Brot: Jeder Laib ist anders. Wegen der zahllosen das Backen beeinflussenden Faktoren – der Zeit des Gehens, der Qualität und Menge des Wassers, der Art und Mischung des Mehls, der Ofenhitze, der Salzart und so weiter – wirst du nie dasselbe Brot zweimal bekommen. Daher hast du immer ein individuelles Brot statt des uniformen Produkts, das aus den dunklen satanischen Brotfabriken der schönen neuen Welt heraufsteigt.

Indem du lernst, dein eigenes Brot zu machen, wirst du das beste Brot kreieren, das du je gekostet hast.

Betty Smith
Die Welt der Bücher

Nach einer Weile hatte Francie keine Lust mehr, den Jungen zuzuschauen. Sie wusste, dass sie spielen, kämpfen und posieren würden, bis es Zeit war, zum Abendessen nach Hause zu bummeln. Es war zwei Uhr. Inzwischen müsste die Bibliothekarin vom Mittagessen zurück sein. Voller Vorfreude ging Francie Richtung Bücherei.

Die Bücherei war klein, alt und schäbig. Francie fand sie wunderschön. In ihr fühlte sie sich ebenso wohl wie in der Kirche. Sie drückte die Tür auf und ging hinein. Sie mochte das Geruchsgemisch von abgewetzten Ledereinbänden, Bücherkleister und frisch betinteten Stempelkissen lieber als den Duft brennenden Weihrauchs beim Hochamt.

Francie glaubte, in der Bücherei seien alle Bücher der Welt, und ihr Plan war, alle Bücher der Welt auch zu lesen. Sie las ein Buch pro Tag in alphabetischer Reihenfolge und übersprang auch nicht die trockenen. Sie erinnerte sich, dass der erste Autor Abbott gewesen war. Sie hatte nun schon sehr lange ein Buch pro Tag gelesen und war noch immer bei B. Sie hatte schon über Bienen und Büffel gelesen, über Ferien auf den Bermudas und byzantinische Architektur. Bei aller Begeisterung musste sie jedoch zugeben, dass manche Bs schwierig waren. Aber Francie war eine Leserin. Sie las alles, was sie finden konnte: Schund, Klassiker, Fahrpläne und die Preisliste beim Lebensmittelhändler. Manches, was sie las, war wundervoll, beispielsweise die Bücher von Louisa Alcott. Sie plante, alle Bücher noch einmal zu lesen, wenn sie mit Z durch war.

Samstags war es anders. Da gönnte sie es sich, ein Buch außerhalb der alphabetischen Reihe zu lesen. An dem Tag bat sie die Bibliothekarin, ihr ein Buch zu empfehlen.

Nachdem Francie hereingekommen war und die Tür leise hinter sich geschlossen hatte – wie man es in einer Bücherei ja tun soll –, schaute sie rasch auf den kleinen goldbraunen Keramiktopf, der hinten auf dem Tisch der Bibliothekarin stand. Er zeigte die Jahreszeiten an. Im Herbst waren ein paar Zweige Bittersüß darin, zu Weihnachten Stechpalmenzweige. Sah sie Weidenkätzchen, wusste sie, dass der Frühling nahte, selbst wenn noch Schnee lag. Und heute, an dem Samstag im Sommer 1912, was stand da in dem Topf? Langsam hob sie den Blick vorbei an den grünen Stielen und den runden Blättchen und sah … Kapuzinerkresse! Rote, gelbe, goldene und elfenbeinweiße. Angesichts eines solch wundervollen Anblicks ergriff sie ein Kopfschmerz zwischen den Augen. Das wollte sie ihr ganzes Leben nicht vergessen.

»Wenn ich einmal groß bin«, dachte sie, »habe ich auch so einen braunen Krug, und im heißen August steht dann auch Kapuzinerkresse drin.«

Sie legte die Hand auf die Kante des polierten Tischs; ihr gefiel, wie er sich anfühlte. Sie blickte auf die ordentlich ausgerichtete Reihe frisch gespitzter Bleistifte, das saubere grüne Viereck der Kladde, den dicken weißen Krug mit dem cremigen Klebstoff, den präzisen Kartenstapel und die zurückgegebenen Bücher, die darauf warteten, wieder einsortiert zu werden. Der erstaunliche Stift mit dem Datumsstempel als Spitze lag separat neben der Kladde.

»Ja, wenn ich groß bin und mein eigenes Haus habe, gibt's keine Plüschsessel und Spitzenvorhänge. Und *keine* Gummipflanzen. Dann habe ich genau so einen Tresen im Salon und weiße Wände und jeden Samstagabend eine saubere grüne

Kladde und eine Reihe glänzender gelber Bleistifte, die zum Schreiben immer gespitzt sind, und einen goldbraunen Topf, in dem immer eine Blume oder ein paar Blätter oder Beeren drin sind, und Bücher ... Bücher ... Bücher ...«

Sie wählte sich ihr Buch für den Sonntag; etwas von einem Autor namens Brown. Francie hatte das Gefühl, schon seit Monaten Browns zu lesen. Wenn sie glaubte, sie sei damit fast fertig, musste sie erkennen, dass das nächste Bord mit Browne anfing. Danach kam Browning. Sie stöhnte auf, da sie unbedingt weiter nach C wollte, wo ein Buch von Marie Corelli stand, in das sie schon einmal hineingeschaut hatte und das sie aufregend fand. Ob sie wohl *jemals* so weit kam? Vielleicht sollte sie ja zwei Bücher täglich lesen. Vielleicht ...

Sie stand lange an dem Tisch, bis die Bibliothekarin geruhte, sich ihr zuzuwenden.

»Ja?«, fragte die Dame gereizt.

»Das Buch da, das will ich.« Francie schob ihr das Buch hin, hinten aufgeschlagen, das Kärtchen aus der Hülle gezogen. Die Bibliothekare hatten den Kindern beigebracht, ihnen die Bücher so vorzulegen. Das ersparte ihnen die Mühe, mehrere hundert Bücher täglich aufzuschlagen und mehrere hundert Kärtchen aus ebenso vielen Hüllen zu ziehen.

Die Bibliothekarin nahm die Karte, stempelte sie und steckte sie in einen Schlitz im Tisch. Dann stempelte sie Francies Karte und schob sie ihr hin. Francie nahm sie, ging aber nicht.

»Ja?« Die Bibliothekarin blickte gar nicht erst auf.

»Könnten Sie ein gutes Buch für ein Mädchen empfehlen?«

»Wie alt?«

»Sie ist elf.«

Woche für Woche hatte Francie dieselbe Bitte, und Woche für Woche stellte die Bibliothekarin dieselbe Frage. Ein Name auf einer Karte war für sie ohne Bedeutung, und da sie dem Kind nie ins Gesicht schaute, lernte sie auch nicht das Mädchen kennen, das Tag für Tag ein Buch auslieh und samstags zwei. Ein Lächeln hätte Francie viel bedeutet, und ein freundliches Wort hätte sie sehr glücklich gemacht. Sie liebte die Bücherei und wollte die verantwortliche Dame unbedingt verehren. Doch die Bibliothekarin war mit anderen Dingen beschäftigt. Und Kinder mochte sie ohnehin nicht.

Francie zitterte erwartungsvoll, als die Frau unter den Tisch langte. Sie sah den Titel, als das Buch erschien: *Wenn ich der König wär'!* von McCarthy. Wunderbar! Letzte Woche war es *Beverly of Graustark* gewesen und dasselbe auch zwei Wochen davor. Sie hatte das McCarthy-Buch erst zweimal gehabt. Die Bibliothekarin empfahl stets dieselben beiden Bücher. Vielleicht waren es ja die einzigen, die sie selbst gelesen hatte, vielleicht standen sie auf einer Empfehlungsliste, vielleicht hatte sie auch gemerkt, dass sie bei elfjährigen Mädchen ein todsicherer Tipp waren.

Francie drückte die Bücher fest an sich, als sie nach Hause lief; sie widerstand der Versuchung, sich auf die erste Haustreppe zu setzen, an der sie vorbeikam, und mit dem Lesen anzufangen.

Endlich zu Hause, war nun die Zeit, auf die sie sich die ganze Woche schon gefreut hatte: Feuerleiterzeit. Sie legte einen kleinen Teppich auf den Treppenabsatz, holte das Kissen von ihrem Bett und lehnte es an die Stäbe. Zum Glück war Eis im Eisschrank. Sie hackte ein Stückchen davon ab und tat es in ein Glas Wasser. Die am Vormittag gekauften rosa-weißen Pfefferminzwaffeln wurden in einer kleinen Schale arrangiert, die zwar einen Sprung hatte, aber schön blau war. Glas, Schale und Buch reihte sie auf dem Fenstersims auf, dann stieg sie auf die Feuerleiter. Dort draußen lebte sie in einem Baum.

Von oben, von unten oder von gegenüber konnte niemand sie sehen. Sie dagegen konnte durch das Laub hinausschauen und sah alles.

Es war ein sonniger Nachmittag. Ein träger warmer Wind brachte warmen Meergeruch mit. Das Laub des Baums zeichnete flüchtige Muster auf den weißen Kissenbezug. Niemand war im Hof, und das war schön. Für gewöhnlich war er von dem Jungen in Beschlag genommen, dessen Vater den Laden im Erdgeschoss gemietet hatte. Der Junge spielte ein nicht enden wollendes Friedhofsspiel. Er hob winzige Gräber aus, steckte lebende Raupen in Streichholzschachteln, begrub sie mit formloser Zeremonie und stellte kleine Kieselgrabsteine auf die winzigen Erdhügel. Das ganze Spiel wurde von falschen Schluchzern und tiefen Seufzern begleitet. Heute aber war der trübsinnige Junge zu Besuch bei einer Tante in Bensonhurst. Das Wissen, dass er weg war, war fast so gut wie ein Geburtstagsgeschenk.

Francie sog die warme Luft ein, betrachtete die tanzenden Laubschatten, aß die Waffeln und trank beim Lesen kleine Schlucke des gekühlten Wassers.

> *Wenn ich der König wär',*
> *Ach, wenn ich der König wär' ...*

Die Geschichte von François Villons Abenteuern wurde mit jedem Lesen noch wundervoller. Manchmal hatte sie Angst, das Buch könnte in der Bücherei verloren gehen und sie könnte es dann nie mehr lesen. Einmal hatte sie angefangen, das Buch in ein Notizbuch für zwei Cent abzuschreiben. Sie hätte so gern ein Buch besessen, und sie hatte gedacht, mit dem Abschreiben könne es gehen. Doch die beschrifteten Seiten wirkten und rochen nicht wie das Büchereibuch, weshalb sie es aufgegeben und sich mit dem Schwur getröstet hatte, dass sie, wenn sie groß wäre, hart arbeiten, Geld sparen und dann wirklich jedes Buch, das ihr gefiele, kaufen würde.

Während sie las, im Frieden mit der Welt und glücklich, wie es nur ein kleines Mädchen ganz allein im Haus mit einem schönen Buch und einer kleinen Schale Süßigkeiten sein kann, wanderten die Laubschatten, und der Nachmittag verging. Gegen vier Uhr erwachten die Wohnungen in den Mietshäusern auf der anderen Seite von Francies Hof zum Leben. Sie schaute durch das Laub hindurch in die offenen, vorhanglosen Fenster und sah, wie Humpen eilends hinausgetragen und voll mit kühlem überschäumenden Bier zurückgebracht wurden. Kinder rannten durch die Wohnungstüren hinaus, zum Fleischer, zum Lebensmittelladen und zum Bäcker, und wieder hinein. Frauen kamen mit dicken Packen vom Pfandhaus. Der Sonntagsanzug des Mannes war wieder da. Am Montag wanderte er dann für eine weitere Woche ins Pfandhaus. Das florierte von den wöchentlichen Zinsen, und der Anzug profitierte davon, dass er gebürstet und in Kampfer aufgehängt wurde, wo die Motten nicht drankamen. Montag rein, Samstag raus. Zehn Cent Zinsen an Onkel Timmy. Das war der Kreislauf.

Francie sah, wie junge Frauen sich fertig machten, um mit ihrem Burschen auszugehen. Da die Wohnungen ohne Bad waren, standen die jungen Frauen in Kamisol und Unterrock an der Küchenspüle, und die Kurve, die der über den Kopf gereckte Arm bildete, wenn sie sich wuschen, war sehr schön. So viele Frauen wuschen sich in ebenso vielen Fenstern auf dieselbe Weise, dass es wie ein verschwiegenes und erwartungsvolles Ritual schien.

Sie unterbrach ihre Lektüre, als Frabers Fuhrwerk in den Nachbarhof kam, denn das schöne Pferd zu beobachten war fast so gut wie Lesen.

Karl-Heinz Ott
Bügeln

Vor Jahren war ich mit einem Freund auf den Philippinen, in einem Resort am Meer. Jeden Nachmittag wurde es von Nachbars Hühnern heimgesucht, die in der trockenen Erde scharrten, ein bisschen Staub aufwirbelten, müde vor sich hin gackerten und schließlich auf die Stühle und Tische flatterten, wo wir frühstückten und zu Abend aßen, unter Sonnenschirmen aus Palmwedeln. Dort hielten sie Siesta, so lange, bis die Sonne flacher stand und ein kleines Lüftchen aufkam. Während die Hühner ruhten, ruhte die ganze Welt, selbst das Meer schien in diesen Stunden zu dösen. Auch ich zog mich in meine Hütte zurück und legte mich hin. Die Zeit stand still, nur das Brummen des Deckenventilators war zu hören und das Surren des Kühlschranks, hin und wieder schwappten leise Wellen ans Ufer.

Eines Tages waren Stimmen zu hören, zuerst wie von fern, dann immer lauter. Eine klang ungehalten, die einzige männliche unter ihnen. Es war die Stimme meines Freundes. Ich zog einen Spalt den Vorhang zurück. Dort stand er, unterm Pavillon, wenige Schritte entfernt. Er fuchtelte vor den drei jungen Frauen herum, die den ganzen Laden schmissen, als Köchinnen, Zimmermädchen, Wäscherinnen. Die jüngste hielt ihm einen Stapel gefalteter Hemden hin. Er wollte sie nicht nehmen, schüttelte den Kopf, zuckte mit den Schultern. Vermutlich hatten sie sein Englisch schlecht verstanden, als er seine Hemden in die Wäsche gab, oder es wäre ihnen gegen die Ehre gegangen, sie ungebügelt zurückzugeben. Er konnte stur sein, mein Freund, furchtbar stur, dafür war er bekannt. Thomas Bernhard war sein Ein und Alles, aus guten Gründen. Am liebsten hätte ich mich für ihn entschuldigt.

Beim Abendessen erzählte ich ihm, Bernhard habe einmal einen Journalisten mit den Worten verabschiedet: »Eigentlich war es ja ganz schön mit Ihnen, dass Sie aber Ihr Hemd nicht bügeln, geht mir gegen den Strich. Hemden müssen weich am Leib liegen und dürfen nicht wie Fetzen an einem herabhängen!« Kein Kommentar. Die Sache hatte als erledigt zu gelten. Er hatte den dreien ausdrücklich gesagt: »Do not iron!« Und dann das! Eine Katastrophe, zwar keine ganz große, aber trotzdem. Man will schließlich nicht wie ein feiner Pinkel herumlaufen, die Welt könnte Falsches über einen denken, und sei es auf den Philippinen, wo kein Mensch uns kannte.

Für die einen sind nur Krawatten tabu, für andere bereits gebügelte Hemden. Weder gehöre ich zu den einen noch zu den andern, obwohl auch ich bloß alle zehn Jahre eine Krawatte binde, wozu ich jedes Mal Hilfe brauche. Mir kommt dann die Erstkommunion in den Sinn, genauer gesagt das Foto, auf dem ich in Anzug und Krawatte vor der Kirche stehe, ein bisschen steif, ein bisschen stolz, mit einer Kerze in der Hand. Manche mögen wegen der Erstkommunion nie mehr eine Krawatte tragen und nie mehr einen Anzug und auch kein gebügeltes Hemd. Es gibt viele Dinge, an denen sich die Geister scheiden. Das Große zeigt sich im Kleinen, immer geht es ums Ganze.

Die meiste Zeit laufe ich in Jeans herum, einen Anzug trage ich selten, mit einem ungebügelten Hemd würde ich mich aber nicht einmal an den Schreibtisch setzen. Vermutlich würde ich sogar auf die berühmte einsame Insel ein Bügeleisen mitnehmen, ein antikes aus Gusseisen, das man mit Kohle heizt. Gewiss gäbe es dort Wichtigeres zu tun, ein paar Dinge müssen jedoch sein, egal, wo auf der Welt. Rituale geben Halt.

Robinson Crusoes ganzes Begehr bestand darin, sich eine Ordnung aufzuerlegen, die ihn überleben ließ, vor allem seelisch. Sinn besteht aus Wiederholung, vermutlich aus nichts Anderem. Mein eigenes Leben kennt nur wenige Zwänge; würde ich ein halbes Jahr nichts tun, wäre das allein mein Problem. Trotzdem laufen meine Tage meist ähnlich ab, zwar ohne Stundenplan, doch mit loser Struktur, wozu alle zwei, drei Wochen ein Bügelabend gehört.

Manche Leute haben Hobbys, ich bügle. Als Hobby kann man es schlecht bezeichnen, eher handelt es sich um eine Notwendigkeit. Allerdings bügle ich gern, und sei es, weil jedes fertige Hemd fast wie neu aussieht und Lust macht aufs Tragen. Hingen meine Hemden wie von selbst geglättet im Schrank, so wie in *Tischlein deck dich* das Essen von allein auf dem Tisch steht, würde mir das Bügeln wahrscheinlich nicht fehlen. Doch ich würde mich gern an die Zeiten erinnern, als es dazugehört hat. Auf den Abwasch, aufs Staubsaugen, aufs Aufräumen könnte ich gern verzichten, beim Bügel ist es anders. Es strengt nicht an, verlangt aber Konzentration, schließlich will man weder die Kleider anbrennen noch sich selbst. Was dabei herauskommt, soll proper aussehen, wozu bestimmte Abläufe gehören: zuerst der Kragen, dann die Schulter, von außen nach innen, danach die Manschetten, dann die Ärmel, danach die Knopfleisten, zuerst von innen, dann von außen, zum Schluss der Rücken, das Kleinflächige vor dem Großen. Beim Bügeln macht sogar Pedanterie Freude.

Wenn ich bügle, bügle ich lange, mit dem Fernseher als Begleiter. Allerdings darf nichts Spannendes laufen, kein Krimi, kein Thriller, nichts, was Aufmerksamkeit erzwingt. Am besten eignen sich Talkshows, Politsendungen, Debatten, selbst wenn sie langweilig sind. Das Bügeln beansprucht Vorrang, der Rest ist Hörspiel mit Bildern. Ein halbes Auge schaut in die Glotze, die restlichen anderthalb auf Kanten, Knöpfe, Krägen. Anne Will und Markus Lanz sind ideal, auch *Hart aber fair* ist wie fürs Bügeln gemacht, ebenso Tierfilme, Tiefsee-Erkundungen, Quiz-Sendungen. An Bügelabenden regt es mich nicht auf, wenn bloß Zeug läuft, das mich sonst aufregt. So gut wie alles ist willkommen, nur darf es nicht dramatisch sein.

Im Französischen heißt bügeln *repasser*. Anfangs konnte ich mir keinen Reim machen auf dieses Wort, eines Tages hat es mir jemand vorgeführt: *passer – repasser*, hingleiten – zurückgleiten, auf – ab, hin – her, immer wieder, in schierer Endlosigkeit, gleich einem mönchischen Exerzitium, das in seiner Einfalt ein bisschen Seelenfrieden mit sich bringt, wenn auch nur für eine kurze Weile. Bügeln führt zu einer Art Trance, wie Katholiken es von der Litanei kennen und Buddhisten vom Mantra. Man könnte auch von Meditation reden, von einer Meditation allerdings, bei der wir weder leer werden noch zu einem wahren Selbst vordringen müssen. Bügeln kommt ohne Ichfindungsdrang aus und ohne Transzendenzzwang. Beim Bügeln darf man ein bisschen verblöden, auf angenehmste Weise. Der bloße Gedanke, dass man die faltenlosen Hemden bald wieder trägt, hebt die Stimmung. Freilich gehört dazu auch der Frust, dass sie wie nie gebügelt aussehen, wenn man sie aus dem Koffer zieht. Wir müssen uns Sisyphos als einen glücklichen Menschen vorstellen, heißt es bei Camus.

Von einem Philosophiedozenten wusste ich, dass sein Psychotherapeut ihm Bogenschießen verordnet hat, so oft wie möglich, unter Anleitung eines japanischen Meisters. An seiner verhagelten Karriere, seinen Geldsorgen und seinem familiären Unglück konnte das wenig ändern, doch er war abgelenkt, für ein paar Stunden, vollkommen. Was aus ihm geworden ist, weiß ich nicht, ich war damals Student, er an die fünfzig. Immer wieder muss ich an ihn denken, vor allem beim Bügeln.

Beim Spannen des Bogens vergesse man alles, die ganze Welt und auch sich selbst, hatte er erzählt; alles werde still, in einem drin, um einen herum. Vom Bügeln lässt sich das schlecht behaupten, im Gegenteil: Das Eisen dampft, es gurgelt, es zischt, es entwickelt eine schweißtreibende Hitze. Im Bügeleisen steckt das ganze Industriezeitalter, en miniature. Mit Bogenschießen hat das wenig zu tun. Nicht nur verlangt das Bogenschießen tausendmal mehr Konzentration, es kommt aus einer Welt, die etwas Archaisches besitzt. Trotzdem muss es einen Zusammenhang geben, und sei es, dass beide guttun.

Männer bügeln offenbar lieber als Frauen, jedenfalls nach meiner Erfahrung. Vermutlich, weil sie nie dazu verpflichtet wurden, was die Sache leichter macht. Wo nicht die Last jahrhundertelanger Fron auf einem drückt, zeigen die Dinge ein anderes Gesicht. Bügle ich die Kleider meiner Frau oder meiner Töchter, heißt es meist: »Das wäre nicht nötig gewesen!« Manchmal klingt fast ein Verbot mit. Auch ihnen komme ich dann mit meiner Thomas-Bernhard-Geschichte, bei der längst alle abwinken. Manchmal weiche ich auf Thomas Bernhards Stück »Heldenplatz« aus, in dem es eine lange Bügelszene gibt, wo Frau Zittel die Ansichten von Professor Schuster Revue passieren lässt, der sich tags zuvor aus dem Fenster gestürzt hat. Frau Zittel war seine Haushälterin, nun bügelt sie ein letztes Mal seine Hemden, während aus ihrem Mund Sätze des Professors sprudeln, der nie zufrieden war mit ihrer Bügelei: »Niemand konnte ihm die Hemden richtig zusammenlegen«, erregt sie sich, »auch nach zwanzig Jahren konnte ich es nicht.« Vor der Uraufführung hat Thomas Bernhard das Burgtheater-Ensemble zu sich nach Hause eingeladen, in sein Ohlsdorfer Bauernhaus, wo er Peymann und den Schauspielern vorführte, wie man richtig bügelt, richtig die Hemden faltet, richtig den Text der Haushälterin spricht.

Unsere Bühnen wären arm ohne pedantische Gestalten. Auch die Bügelfraktion gehört zu ihnen. Aber auch auf der Gegenseite finden sich welche. Immer noch kommt in mir das Bedürfnis auf, mich bei den drei Frauen auf den Philippinen zu entschuldigen, nach fast zwanzig Jahren. Vielleicht reise ich eines Tages nochmals dorthin, vor allem aus diesem Grund, selbst wenn sie nicht mehr da sind.

Walter Benjamin
Café crème

Wer sich auf silbernem Brettchen, mit Butterkugeln und Marmelade garniert, den Morgenkaffee auf seinem Pariser Zimmer servieren läßt, weiß nichts von ihm. Im bistro muß man ihn nehmen, wo zwischen den Spiegeln das petit déjeuner selber ein Hohlspiegel ist, in dem das kleinste Bild dieser Stadt erscheint. Bei keiner Mahlzeit sind die Tempi verschiedener, vom mechanischen Handgriff des Angestellten, der am zinc sein Glas Melange herunterstürzt, bis zum beschaulichen Genusse, mit dem, in der Pause zwischen zwei Zügen, ein Reisender langsam die Tasse leert. Und selber sitzest du vielleicht neben ihm, am gleichen Tische, auf der gleichen Bank und bist doch weit entfernt und für dich. Deine morgendliche Nüchternheit opferst du, um etwas zu dir zu nehmen. Und was nimmst du mit diesem Kaffee nicht alles zu dir: den ganzen Morgen, den Morgen von diesem Tag und manchmal auch den verlorenen des Lebens. Hättest du als Kind an diesem Tische gesessen, wieviel Schiffe wären nicht über das Eismeer der Marmorplatte gezogen. Du hättest gewußt, wie es auf dem Marmara-Meere aussieht. Den Blick auf einen Eisberg oder ein Segel hättest du einen Schluck für den Vater und einen für den Onkel und einen für den Bruder genommen, bis an den dicken Rand deiner Tasse, breites Vorgebirge, auf welchem die Lippen ruhten, langsam die Sahne wäre angeschwemmt gekommen. Wie schwach ist dein Ekel geworden. Wie schnell und wie hygienisch geht es zu: du trinkst; du tunkst nicht, du brockst nicht ein. Verschlafen greifst du nach der Madeleine im Brotkorb, brichst sie und merkst nicht einmal, wie es dich traurig macht, sie nicht teilen zu können.

Robert Walser
Dinerabend

Oh, in Gesellschaft zu gehen, das ist gar nicht so ohne. Man
zieht sich so hübsch an, wie es einem die Verhältnisse, in denen man vegetiert, gestatten, und begibt sich an Ort und Stelle. Der Diener öffnet die gastliche Pforte. Gastliche Pforte?
Ein etwas feuilletonistischer Ausdruck, aber ich liebe es, mich
im Stil kleiner Tagesware zu bewegen. Ich gebe mit so viel
Manier, als ich kann, Hut und Mantel ab, streiche mein ohnehin glattes Haar vor dem Spiegel noch ein wenig glätter, trete
ein, stürze mich dicht vor die Herrin des Hauses, möchte ihr
die Hand gleich küssen, gebe indessen diesen Gedanken auf
und begnüge mich damit, eine vollendete (?) Verbeugung vor
ihr zu machen. Vollendet oder nicht, vom geselligen Zug hingerissen, entfalte ich jetzt eine Menge Schwung und übe mich
in den Tönen und Sitten, die zu den Lichtern und Blumen am
besten zu passen scheinen. »Zum Essen, Kinder«, ruft die
Hausfrau aus. Schon will ich rennen, ich erinnere mich aber
rasch, daß man so etwas nicht tun soll, und ich zwinge mich
zu einer langsamen, ruhigen, stolzen, bescheidenen, gelassenen,
geduldigen, lächelnden, flüsternden und schicklichen Gang-
art. Es geht vortrefflich. Entzückend sieht mir da wieder einmal die Tafel aus. Man setzt sich, mit und ohne Dame. Ich prü-
fe das Arrangement und nenne es im stillen ein schönes. Wäre
noch schöner, wenn einer wie ich irgend etwas an der Dekora-
tion auszusetzen hätte! Gottlob, ich bin bescheiden, ich danke,
indem ich jetzt zugreife, zugable und messere und löffle und
esse. Wunderbar schmecken einem gesunden Menschen solch
zartsinnig zubereitete Speisen, und das Besteck, wie es glänzt,
die Gläser, wie sie beinahe duften, die Blumen, wie sie freund-

lich grüßen und lispeln. Und jetzt lispelt auch schon meinerseits eine ziemlich ungenierte Unterhaltung. Nimmt mich bald einmal selber wunder, wo und wie ich's hernehme, dieses Weltbetragen, derart Essen zum Mund führen und dazwischen parlieren zu können. Wie doch die Gesichter purpurn anlaufen, je mehr Speisen und Weine dahergetragen werden. Schon könnte man satt sein, wenn man wollte, aber man will nicht, und zwar in erster Linie aus Schicklichkeitsgründen. Man hat weiter zu danken und weiter zu essen. Appetitlosigkeit ist eine Sünde an so reichbesetzten Tischen. Ich gieße immer mehr flüssige und leuchtende Laune in die allzeit, wie es scheint, durstige Kehle hinunter. Wie das anhumort! Jetzt schenkt der Diener auch noch aus dicken Flaschen schäumende Begeisterung ein, in Gläser, breitgeformte, in denen das holde Wasser wie in schönen Seebecken ruhen und glänzen kann. Und nun prosten alle, Damen und Herren, einander zu, ich mache es nach, ich geborner Nachahmer. Aber stützt sich denn nicht alles, was in der Gesellschaft taktvoll und lieblich ist, auf die fortlaufende Nachahmung? Nachahmer sind in der Regel glückliche Kerls, so ich. Ich bin in der Tat ganz glücklich, schicklich und unauffällig sein zu dürfen. Und jetzt erhebt sich der leichte Witz, die Zunge wird lose, das lachende Wort will jedesmal an die sorglose, süße Ungezogenheit streifen. Es lebe, es lebe! Wie dumm! Aber das Schöne und Reiche ist immer ein ganz klein wenig dumm. Es gibt Menschen, die plötzlich lachen müssen beim Küssen. Das Glück ist ein Kind, das »heute« wieder gottlob einmal nicht zur Schule zu gehen braucht. Immer wieder wird eingeschenkt, und das wie von unsichtbarer Geisterhand Eingegossene wird hinuntergeschüttet. Ich schütte geradezu unedel hinunter. Aber die silbernen Flügel hübschen Anstandes rauschen um mich und zwicken mich öfters mahnend an die Wangen. Hinwiederum

verpflichten die Weine und die Schönheit der Frauen zu lei-
sen, feinen Unverschämtheiten. Die Verzeihung dazu ist der
Kirschkuchen, der jetzt galant serviert wird. Oh, ich freue
mich über das alles, ich Proletarier, was ich bin. Mein Gesicht
ist ein wahres, hochrotes Eßgesicht, aber essen Aristokraten
etwa nicht auch? Es ist dumm, allzufein sein zu wollen. Die
Eß- und Trinklust hat vielleicht einen ganz aparten feinen
Ton des Umganges. Das Wohlbefinden bewegt sich möglicherweise noch am zartesten. Das sage ich so. Was? Auch noch Käse? Und noch Obst und jetzt noch einmal einen See voll Sekt?
Und nun steht man auf, um vorsichtig nach Zigarren angeln
zu gehen. Man spaziert durch die Räume. Welche Weltsicher-
heit! In reizenden kleinen Nischen setzt man sich ungezwun-
gen und eng neben die Damen nieder. Alsdann, um es nicht
ganz zu verlernen, schritthüpft man zu den Likörtischen, um
sich in Wolken von Genüssen von neuem einzuhüllen. Der
Herr des Hauses scheint fröhlich. Das genügt, um sich wie
sonnenbeschienen vorzukommen. Lässig und witzig redet
man zum weiblichen Geschlecht, wenn man kann. Immer
zündet man sich neue Zigarettenstangen an. Das Vergnügen,
einen neuen Menschen kennenzulernen, tippt einen an die
Stirne, kurz, es ist ein beständiges, gutes, dummes, behagli-
ches Lachen um einen herum. Nichts kann mehr aufregend
sein. Gewöhnt an das Schwelgen, bewegt man sich mit einer
behäbigen Sicherheit und mit dem Mindestmaß an Formen
im Glanz und im Menschenkranz einher, daß man leise und
glücklich staunen muß, es im Leben so weit gebracht zu haben. Später sagt man gute Nacht, und dem Diener drückt man
mit Gewicht sein in mancherlei Beziehung redlich verdientes
Trinkgeld in die Hand.

Lily Brett

Einkaufsbummel

Ich gehe oft von SoHo, wo ich wohne, in einen Teil von Midtown, den ich über alles liebe. Der Spaziergang dauert dreißig Minuten, und in dieser Zeit sehe ich meinem Ziel immer aufgeregter entgegen. Mein Ziel ist Spandex House an der 38th Street zwischen der Seventh und der Eight Avenue. Spandex House darf man nicht verwechseln mit Spandex World oder Spandex Hub, die sich beide ebenfalls an der 38th Street befinden. Spandex House ist das Herzstück von New Yorks ehemals blühendem Modeviertel, dem Garment District.

Vor fünfzig Jahren war der Garment District von New York das Zentrum der Bekleidungsindustrie Amerikas. Siebzig Prozent aller Damenbekleidung und vierzig Prozent aller Herrenbekleidung wurden dort angefertigt.

Der Garment District befindet sich ungefähr zwischen Fifth Avenue und Ninth Avenue, zwischen der 34th Street und der 42nd Street. Heute heißt er Fashion District. Viele bekannte Modefirmen haben dort noch immer Ateliers, Büros und Showrooms. Und es gibt dort immer noch einige der interessantesten Läden der ganzen Stadt. Läden, die alles anbieten, womit man jedes erdenkliche Kleidungsstück nähen, verschönern, schmücken oder dekorieren kann. Bedeutende Designer und Schneider tummeln sich in diesem Viertel.

[…]

Die Straßen rund um den Garment District zählen zu meinen Lieblingsstraßen in der Stadt. Ich liebe die Geschäfte mit Stoffen und Nähzubehör. Ich finde sie seltsamerweise entspannend. Pacific Trimmings an der West 38th Street hat die wundervollste Auswahl an Reißverschlüssen. Die meisten Leute stellen sich unter Reißverschlüssen wahrscheinlich nichts besonders Schönes vor. Ich schon. Und wer Pacific Trimmings besucht, der wird mir recht geben. Es gibt Reißverschlüsse in allen Größen und Farben. Ganze Regenbogen von Reißverschlüssen hängen an den Wänden.

In dem Laden gibt es außerdem eine große Auswahl an Posamenten, Knöpfen, Schnallen, Bändern, Federn und endlosen goldfarbenen Ketten. Pailletten blenden das Auge. Wer von diesen Pailletten so gebannt sein kann wie ich, muss eine Ader für Pomp und Glitzer haben. In meinem tiefsten Inneren hege ich offenbar den Wunsch, auszusehen wie Liberace oder eine Tänzerin in Las Vegas. In der Regel kaufe ich nichts. Wenn ich nicht einmal einen Knopf annähen kann, dürfte ich keine Chance haben, einen Reißverschluss einzusetzen.

Die goldenen Ketten und der ganze Glitzerkram sind von Spandex House nicht weit entfernt. Spandex bedeutet mehr, als man meinen könnte, soweit man sich jemals Gedanken darüber gemacht hat, was die meisten noch nie getan haben. Bei dem Wort Spandex können einem Frauen in zu engen und zu bunten Röcken oder Strumpfhosen oder Oberteilen einfallen. Oder Trapezkünstler im Zirkus. Oder vielleicht Jane Fonda in ihrem früheren Leben als Fitnesstrainerin.

Aber Spandex House ist viel mehr als nur das. Es ist ein Laden, der sich auf Stretchgewebe spezialisiert hat. Man kann dort Stretchspitze, Stretchdenim, Stretchbaumwolle, Stretchfutter und Stretchtüll kaufen. Man kann Stretchlamé und dehnbares Versteifungsband und Glitzerstretch kaufen. Und außerdem metallisches Spandex, Nylon-Spandex, Bambus-Spandex und Baumwoll-, Satin- und Lack-Spandex. Man kann auch wunderschöne einfache Stretchstoffe aus Seidenkrepp, Seide, Spitze oder Wolle kaufen.

Spandex House ist einer meiner Lieblingsläden in New York.

Ich glaube nicht, dass ich mich mit diesem Eingeständnis brüsten kann. Nicht, nachdem ich gerade Liberace und Revuetänzerinnen erwähnt habe. Ich stöbere für mein Leben gern in dem Laden. Auch die anderen Kunden sind meistens sehr interessant. Es sind in der Mehrzahl entweder Eiskunstläufer oder Tänzer oder Turner oder Leute, die Kostüme für Eiskunstläufer, Tänzer, Turner, Athleten, Akrobaten und Schauspieler entwerfen.

Die Stretchstoffe sind ideal für Eisläufer, Athleten und Turner. Sie alle bewegen sich die ganze Zeit. Die meisten Leute, die hier einkaufen, bewegen sich viel oder entwerfen Kostüme für Leute, die sich viel bewegen. Bis auf mich. Ich entwerfe keine Kostüme. Und ich bewege mich nicht viel. Ich tanze nicht, fahre nicht Ski, laufe nicht Schlittschuh, schlage keine Purzelbäume und bin auch keine schnelle Läuferin. Ich gehe zu Fuß.

Thomas Bernhard
Fahrrad fahren

Im Alter von acht Jahren trat ich auf dem alten Steyr-Waffenrad meines Vormunds, der zu diesem Zeitpunkt in Polen
eingerückt und im Begriff war, mit der deutschen Armee in
Rußland einzumarschieren, unter unserer Wohnung auf dem
Taubenmarkt in Traunstein in der Menschenleere eines selbst-
bewußten Provinzmittags meine erste Runde. Auf den Geschmack dieser mir vollkommen neuen Disziplin gekommen,
radelte ich bald aus dem Taubenmarkt hinaus durch die
Schaumburgerstraße auf den Stadtplatz, um nach zwei oder
drei Runden um die Pfarrkirche den kühnen, wie sich schon
Stunden später zeigen mußte, verhängnisvollen Entschluß zu
fassen, auf dem, wie ich glaubte, von mir schon geradezu perfekt beherrschten Rad meine nahe dem sechsunddreißig Kilometer entfernten Salzburg in einem mit viel Kleinbürgerliebe
gepflegten Blumengarten lebende und an den Sonntagen be-
liebte Schnitzel backende Tante Fanny aufzusuchen, die mir
als das geeignetste Ziel meiner Erstfahrt erschien und bei der
ich mich nach einer bestimmt nicht zu kurzen Phase der abso-
luten Bewunderung für mein Kunststück anzuessen und aus-
zuschlafen gedachte. Die auserwählte Klasse der Radfahrer
hatte ich von den ersten bewußten Augenblicken meines be-
gierigen Sehens an bewundert, jetzt gehörte ich dazu. Kein
Mensch hatte mich diese so lange vergeblich bewunderte
Kunst gelehrt, ich hatte, ganz ohne um Erlaubnis zu bitten,
das kostbare Steyr-Waffenrad meines Vormunds aus dem Vor-
haus geschoben, nicht ohne schmerzendes Schuldbewußtsein,
und mich, ohne über das Wie nachzudenken, auf die Pedale
gestemmt und war losgefahren. Da ich nicht stürzte, empfand

ich mich schon in diesen ersten Augenblicken auf dem Fahrrad als Triumphator. Es wäre ganz gegen meine Natur gewesen, nach einigen Runden wieder abzusteigen; wie in allem trieb ich das nun einmal begonnene Unternehmen bis zum Äußersten. Ohne einem einzigen dafür zuständigen Menschen ein Wort gesagt zu haben, verließ ich auf der luftigen Höhe des Waffenrades und des damit verbundenen Vergnügens den Stadtplatz, um schließlich in der sogenannten Au und dann in der freien Natur Richtung Salzburg die Räder laufen zu lassen. Obwohl ich noch zu klein war, um tatsächlich auf dem Sattel zu sitzen, ich mußte ja, wie alle andern zu kleinen Anfänger, mit dem Fuß unter die Stange durch das Pedal, beschleunigte ich zusehends meine Geschwindigkeit, daß es fortwährend bergab ging, war ein zusätzlicher Genuß. Wenn die Meinigen wüßten, was ich, durch einen durch nichts vorher angekündigten Entschluß schon erreicht habe, dachte ich, wenn sie mich sehen und naturgemäß gleichzeitig, weil sie keine andere Wahl haben, bewundern könnten! Ich malte mir den höchsten, ja den allerhöchsten Grad ihrer Verblüffung aus. Daß mein Können mein Vergehen oder gar Verbrechen auszulöschen imstande sei, daran zweifelte ich nicht eine Sekunde. Wem, außer mir, gelingt es schon, zum allererstenmal auf das Rad zu steigen und auf und davon zu fahren, und noch dazu mit dem höchsten Anspruch, nach Salzburg! Sie müßten einsehen, daß ich mich doch immer, gegen die größten Hemmnisse und Widerstände, durchsetzte und Sieger sei! Vor allem wünschte ich, während ich die Pedale trat und es schon in die Schluchten unterhalb Surbergs ging, mein wie nichts auf der Welt geliebter Großvater könnte mich auf dem Fahrrad sehen. Da sie nicht da waren und überhaupt nichts von meinem nun schon sehr weit vorangetriebenen Abenteuer wußten, mußte ich zeugenlos mein Werk vollbringen. Sind wir auf der Höhe, wünschen wir den Beobachter als Bewunderer wie sonst nichts herbei, aber dieser Beobachter als Bewunderer fehlte. Ich begnügte mich mit der Selbstbeobachtung und der Selbstbewunderung. Je härter mir die Geschwindigkeit ins Gesicht blies, je mehr ich mich meinem Ziel, der Tante Fanny, näherte, desto radikaler vergrößerte sich die Entfernung aus dem Ort meiner Ungeheuerlichkeit. Wenn ich auf der Geraden für einen Augenblick die Augen zumachte, kostete ich die Glückseligkeit des Triumphators. Insgeheim war ich mir mit meinem Großvater einig: ich hatte an diesem Tag die größte Entdeckung meines bisherigen Lebens gemacht, ich hatte meiner Existenz eine neue Wendung gegeben, möglicherweise die entscheidende der mechanischen Fortbewegung auf Rädern. So also begegnet der Radfahrer der Welt: von oben! Er rast dahin, ohne mit seinen Füßen den Erdboden zu berühren, er ist ein Radfahrer, was beinahe soviel bedeutet wie: ich bin der Beherrscher der Welt.

Wolfdietrich Schnurre
Frühstück

Morgens am frisch gedeckten Frühstückstisch sitzen. In der bauchigen Kaffeekanne spiegelt sich das Zimmer wie in einer jener Glaskugeln wider, mit der die Laubenbesitzer ihre Parzellen verschönen; man hat ein Knollenprofil, blickt man hinein.

Die Sonne steht hinter der Blutbuche im Garten, wo das Rotschwänzchen schreckt und die Amselhähne ihres Gesanges allmählich müde zu werden beginnen und schiefgehaltenen Kopfs die Futterbeschaffung bedenken. Der See ist hinter der gelbgrünen Kulisse, zu der sich die rhythmisch schwingenden Trauerweidenzweige verschränken, fast völlig verschwunden; nur hier und dort funkelt noch ein ätzender Sonnenreflex oder das flirrige Weiß einer Schwanendaune durch das Blättergeflecht.

Auf dem Tisch ist angetreten, was aus der lebensbejahenden Fracht dieser Stunde für Auge und Gaumen Profit zu schlagen gedenkt: die knusprigen Brötchen, in ihrer goldenen Bräune an gebackene Ferkelhinterteile erinnernd, die Butter, vom Nachtaufenthalt im Eisschrank noch mit einer perligen Gänsehaut überzogen und von einem so verblüffenden Blond, daß man eine Krimhildphysiognomie in sie einritzen möchte. Dann die Eier, im Grunde natürlich Vollkommenheit suggerierend, doch läßt man ihre Gesichtslosigkeit auf sich wirken, mit der sie überall und nirgends hinblicken, auch wieder ein dezentes Gruseln erzeugend, mit dem die wärmenden Mützen, die man ihnen aufgestülpt hat, nun allerdings *auch* nicht gerade versöhnen. Dazu die Radieschen, die ihre kurzgeschnittenen Krautborsten und die weißlichen Kinnbärte eitel in der blankgeputzten Paprikaschote betrachten, die sich, grün vor Zorn, der erdrückenden Übermacht der siegeszuversichtlich lächelnden Tomaten erwehrt.

Und als Höhepunkt, und exakt in der Mitte des Tisches, die Aufschnittplatte dann noch. Sie ist sich ihrer Angriffsfläche bewußt und hat sich flach und mit angelegten gekochten Schinkenohren zwischen Salznapf und Pfeffermühle und Schnittlauchtopf und Petersilienvase geduckt. Allein, Auge und Nase haben sie längst schon entdeckt und brechen bereits zu den ersten folgenschweren Erkundungen auf; wie auch die Wespe, deren Schatten über die marmorbleiche Maserung der Kasslerscheiben dahinzieht, zielstrebig der Zitronenkonfitüre entgegen.

Die Nase jedoch hat jetzt vollauf mit dem beizenden Räucherduft des hauchfein geschnittenen Bündnerfleisches zu tun. Es ist von einem derart tiefempfundenen Rot, als sei es von der Blutbuche draußen ins Zimmer geweht. Und auch an dem herzklopfenerregenden Bratengeruch des rosigen Prager Schinkens flattern die Nasenflügel so schnell nicht vorbei.

Die Augen gehen indessen auf dem speckigen Mosaik des Landleberwurstzipfels spazieren, schleichen lüstern hart an der Schnittkante des noch erfreulich umfangreichen Corned-beef-Würfels entlang, springen animiert die geweißten Podeste der Cervelatwurststufen hinan und treffen beim Käse dann wieder mit der Nase zusammen, die entzückt den Roquefort belobigt, schnüffelnd dem Boursin das Knoblauchfähnchen bestätigt und der Strenge des Camemberts mit angetan gekräuselter Wurzel begegnet.

Die Zeitung hat so früh noch zu schweigen; Flugzeugunglücke und Morde werden erst *nach* dem Kaffee zur Kenntnis genommen. Auch die Post muß ihren Klatschstoff vorerst noch bei sich behalten; übelnehmerisch schielen die ungeöffneten

Briefe mit ihren Markenaugen herüber. Das Frühstück, hat Novalis gesagt, sei die einzige Mahlzeit von philosophischer Dignität. Da kann man es nicht mit Familientratsch und Zahlungsbefehlen belasten.

Es hat keusch wie die Morgenröte zu sein; und Keuschsein ist nur unwissend möglich; wie sehr der impertinente Geruch der Druckerschwärze, der von der Zeitung aufsteigt, diese Binsenwahrheit jetzt auch bestreitet. Erfolglos natürlich; zumal aus der Küche soeben das morgenverschönernde Kreischen der elektrischen Fruchtpresse dringt. Gleich bringt, in eine Apfelsinen- und Möhrenduftwolke gehüllt, die Zauberin, der man das hier alles verdankt, die Krönung des Ganzen: den Obstsaft herein.

Elizabeth von Arnim
Zauber des Frühlings

Als Mrs. Wilkins am nächsten Morgen aufwachte, blieb sie einige Minuten lang im Bett liegen, bevor sie aufstand und die Fensterläden öffnete. Was würde sie von ihrem Fenster aus sehen? Eine strahlende Welt oder eine verregnete Welt? Aber schön würde sie sein, wie immer sie auch aussehen mochte.

Sie fand sich in einem kleinen Schlafzimmer mit weißgetünchten Wänden, einem Steinboden und einigen wenigen alten Möbeln. Die Betten – es gab zwei – waren aus Eisen, schwarz emailliert und bemalt mit bunten Blumensträußchen. Sie blieb liegen, um den großen Augenblick, wenn sie ans Fenster ging, hinauszuzögern, so wie man das Öffnen eines lieben Briefes und seine Freude daran hinauszögert. Sie hatte keine Ahnung, wieviel Uhr es war; sie hatte vergessen, sie aufzuziehen, seit sie zuletzt, Jahrhunderte war das her, in Hampstead schlafen gegangen war. Man hörte keinen Laut im Haus, und so vermutete sie, es müsse noch früh sein, dennoch hatte sie das Gefühl, als hätte sie ewig geschlafen – so ausgeruht, so rundum zufrieden war sie. Sie lag da, die Arme um den Kopf verschränkt, und dachte, wie glücklich sie war, und ihre Lippen waren in seligem Lächeln hochgezogen. Allein im Bett zu sein: welch Wonnezustand. Sie war seit fünf Jahren nicht einmal ohne Mellersh im Bett gewesen; ah, diese kühle Geräumigkeit; die Bewegungsfreiheit; das Gefühl der Sorglosigkeit, der Keckheit, wenn man an den Decken zog, weil man es wollte, oder sich die Kissen zurechtstupste, um es noch behaglicher zu haben! Es war, als entdecke man eine Freude völlig neu.

Mrs. Wilkins sehnte sich zwar danach, aufzustehen und die

Läden zu öffnen, aber sie fühlte sich dort, wo sie war, einfach pudelwohl. Sie seufzte vor Behagen und blieb weiter liegen, schaute um sich, registrierte alles in ihrem Zimmer, ihrem eigenen kleinen Zimmer, ihrem ureigenen Zimmer, in dem sie sich ganz nach Gusto während dieses einen glücklichen Monats einrichten konnte, ihr Zimmer, das sie sich von ihrem Ersparten erworben hatte, die Frucht ihrer geheimen Entbehrungen, ihr Zimmer, dessen Tür sie abschließen konnte, wenn sie es wollte, und wo niemand das Recht hatte hereinzukommen. Es war ein so seltsames kleines Zimmer, ganz anders als alle, die sie kannte, und so angenehm. Es war wie eine Zelle. Die beiden Betten ausgenommen, beschwor es eine glückliche Askese. ›Und der Name des Gemachs‹, zitierte sie in Gedanken, lächelnd das Zimmer betrachtend, ›war Friede.‹

Ja, das war schon herrlich, dazuliegen und zu denken, wie glücklich sie war, aber draußen vor den Läden war es noch herrlicher. Sie sprang auf, zog sich die Pantoffeln an, denn es gab nichts auf dem Steinboden als einen kleinen Vorleger, lief zum Fenster und stieß die Läden auf.

»Oh!« rief Mrs. Wilkins aus.

All der strahlende Glanz Italiens im April lag ausgebreitet ihr zu Füßen. Die Sonne ergoß sich über sie. Das Meer schlummerte darin, fast unbewegt. Jenseits der Bucht ruhten auch die lieblichen Berge, reich an Farbnuancen, im Licht; und unterhalb ihres Fensters, am Fuße des blumenübersäten Grashügels, aus dem sich die Mauer des Castellos erhob, stand eine große Zypresse, die wie ein großes schwarzes Schwert durch die zarten Blau-, Violett- und Rosatöne der Berge und des Meeres schnitt.

Sie staunte. Solche Schönheit; und sie war da, um sie zu sehen. Solche Schönheit; und sie am Leben, um sie zu fühlen. Ihr Gesicht war in Licht gebadet. Köstliche Düfte stiegen zu ihrem Fenster hoch und umschmeichelten sie. Eine leichte Brise bewegte sanft ihr Haar. Weit draußen in der Bucht trieb eine Schar von Fischerbooten, fast ohne Bewegung, wie ein Schwarm weißer Vögel, auf dem ruhigen Meer. Wie schön, wie schön! Nicht zuvor gestorben zu sein …, das sehen zu dürfen, zu atmen, zu fühlen … Sie starrte mit offenem Mund. Glücklich? Welch dürftiges, gewöhnliches Alltagswort. Aber was konnte man denn sagen, wie ließe es sich beschreiben? Es war, als müßte sie zerspringen, als wäre sie zu klein, um soviel Freude in sich zu halten, als wäre sie von Licht durchdrungen. Und wie erstaunlich das war, diese reine Seligkeit zu fühlen, wo sie doch überhaupt nichts Selbstloses tat oder im Sinn hatte, vielmehr nur das tun würde, was sie wollte. Nach Meinung aller, die sie im Leben kennengelernt hatte, müßte sie zumindest Gewissensbisse haben. Nicht die Spur davon. Irgendwie stimmte da etwas nicht. Seltsam, daß sie zu Hause so gut gewesen war, so furchtbar gut, und bloß Qual empfunden hatte. Gewissensbisse jeder Art waren dort ihr Los gewesen; Schmerzen, Kränkungen, Entmutigungen, während sie die ganze Zeit unermüdlich selbstlos war. Jetzt hatte sie all ihr Gutsein abgelegt und in die Ecke geworfen wie einen Haufen durchnäßter Wäsche, und sie fühlte nur Freude. Sie hatte sich des Gutseins entledigt und genoß ihre Nacktheit. Sie war entblößt und frohlockte. Und dort, fern in der trüben Muffigkeit von Hampstead, erboste sich Mellersh.

Sie versuchte, sich Mellersh vorzustellen, versuchte, ihn beim Frühstück zu sehen und wie er verbittert an sie dachte; und sieh da, Mellersh selbst begann zu schimmern, wurde rosig, dann blaßviolett, dann zu einem hinreißenden Blau, verlor die Konturen, irisierte. Tatsächlich entschwand Mellersh, nachdem er noch einen Augenblick lang gezuckt hatte, im Licht.

›Na so was‹, dachte Mrs. Wilkins und starrte gleichsam hinter ihm her. Wie ungewöhnlich das war, sich Mellersh nicht vorstellen zu können; sie, die jeden Zug an ihm, jeden Gesichtsausdruck auswendig kannte. Es gelang ihr einfach nicht, ihn zu sehen, wie er war. Sie konnte ihn nur verklärt sehen, in Einklang mit allem. Die bekannten Worte der öffentlichen Danksagung kamen ihr spontan in den Sinn, und sie ertappte sich dabei, wie sie Gott pries, sie erschaffen und beschützt zu haben, ihn pries für alle Wohltaten dieses Lebens, vor allem aber für seine unschätzbare Liebe; und das geschah mit lauter Stimme; in einer plötzlichen Anwandlung von Dankbarkeit. Mellersh dieweil zog in diesem Augenblick verärgert seine Stiefel an, bevor er in die triefenden Straßen hinausging, und dachte Bitterböses von ihr.

Sie begann sich anzuziehen, wobei sie sich zu Ehren des Frühsommertages für leichte weiße Sachen entschloß, packte ihr Gepäck aus und brachte ihr schnuckeliges Zimmer in Ordnung. Sie ging mit schnellen, entschiedenen Schritten umher, ihr langer dünner Körper war gestreckt, ihr kleines Gesicht, das zu Hause vor lauter Anstrengung und Angst so zerknittert aussah, glättete sich. Alles, was sie vor diesem Morgen gewesen war und getan hatte, alles, was sie gefühlt und ihr Kummer gemacht hatte, war verschwunden. Mit jeder ihrer Sorgen verhielt es sich wie mit Mellershs Bild, sie löste sich in Farbe und Licht auf. Und sie bemerkte Dinge, die sie seit Jahren nicht bemerkt hatte – als sie ihr Haar vor dem Spiegel frisierte, nahm sie es bewußt wahr und dachte: ›Das ist aber hübsch.‹ Jahrelang hatte sie vergessen, daß sie so etwas wie Haar hatte, sie flocht es am Abend und löste es am Morgen mit derselben Eile und Gleichgültigkeit, mit der sie ihre Schuhe schnürte und aufschnürte. Jetzt auf einmal sah sie das Haar, und sie wickelte sich vor dem Spiegel einige Strähnen um die Finger und war froh, daß es so hübsch war. Mellersh konnte es auch nicht gesehen haben, denn er hatte nie ein Wort darüber verloren. Wenn sie aber wieder zu Hause wäre, würde sie ihn darauf aufmerksam machen. »Mellersh«, würde sie sagen, »guck dir mein Haar an. Gefällt es dir nicht, daß du eine Frau mit honig-goldenen Locken hast?«

Sie lachte. Sie hatte noch nie dergleichen zu Mellersh gesagt, und die Vorstellung amüsierte sie.

Johannes Roth

Der Garten im Winter

Der Winter ist des Gärtners schönste Zeit. Draußen knackt
der Frost. Drinnen knackt es im Kamin. Es duftet auch. Ein
Arm voll getrockneter Lavendelrispen ist dem Feuer überge-
ben worden. Und Nigel Rogers füllt den Raum mit florentini-
schen Liebesliedern. Er singt von einem Feuer anderer Art, das
ihm ein Mädchen entzündet hat, so daß er nun glüht wie ein
Vulkan: Ah, ch'io vengo un Mongibello. Während Cembalo,
Gambe und Violine seinem brennenden Herzen den musikalischen Sauerstoff zuführen, schaut der mitfühlende Gärtner
durch die Scheibe hinaus in die kalte Natur: Baum und Strauch
stehen starr im Reif, aber Amseln streiten hitzig um Haferflocken, die gar nicht für sie gedacht sind, Meisen, Finken kna-
cken Sonnenblumenkerne, Spatzen schwirren. Ein Dompfaff
dazwischen. Ein Dompfaff? Plötzlich ist es am Gärtner, starr
hinterm Fenster zu verharren, obwohl die Schöne, damigella
tutta bella, dem Sänger gerade neue Gluten entfacht: Vom un-
teren Garten her nähert sich der Fasan samt seinen vier Damen zögernden Schritts dem überdachten Futterplatz.

Der Winter ist des Gärtners schönste Zeit. Wochenlang kann
er sich aufs Zuschauen beschränken. Er ist zum Nichtstun ver-
urteilt. Nicht einmal über den gefrorenen Rasen darf er laufen, das schadet den Gräsern. Er geht bloß zweimal die Woche über die Trittsteine am Bach entlang zum Kompostplatz,
bringt die Küchenabfälle unter. Er gräbt sie ein, deckt mit
Laub und Reisig ab, damit Kaffeefilter und Orangenschalen
nicht von Elstern und anderen Rabenvögeln in der Nachbar-
schaft verteilt werden. Auf dem Rückweg zum Haus sieht
er nach den Wühlmausfallen. Leer. Doch daneben ein frisch

aufgeworfener Erdhaufen. Und noch einer. Nur nicht ärgern. Bald, wenn die Wolfsmilch wieder wächst und die Kaiserkrone blüht, bald geht es der Wühlmaus an den Pelz.

Der Winter ist des Gärtners schönste Zeit. Vergessen ist der grausame Sommer mit den Arbeitswochenenden, den Fünfzehn-Stunden-Tagen, an denen der Gartenbesitzer nach dem Säubern und Aufräumen der lehmverschmierten Gerätschaften gegen Mitternacht noch einmal steifbeinig hinaustappte ins frischgeschorene Rasengelände und den Sprenger nun nicht mehr versetzte, sondern abschaltete, hernach mit weichen Knien kaum noch den Weg aus der Dusche ins Bett gefunden hat.

Was ist der Winter für eine angenehme Zeit! Zeit der Ruhe, Zeit zum Bedenken. Das Rotkehlchen hilft mit. Es ist immer dabei. Erst schnickert es unsichtbar in ferneren Gehölzen. Dann kommt es näher, umkreist den Gartenbegeher. Äugt und wippt. Aus Neugier oder Sorge? Wer weiß es. Gewiß ist nur, sagt der Ornithologe, daß diese Rotbrust ein Männchen ist; die Weibchen und die Jungen fliehen vor dem Frost nach Süden. (Nein, sagt ein anderer. Falsch. Manche fliegen weg, manche bleiben, ob Männchen oder Weibchen.) Der dicke Gärtner und der kleine Vogel allein in der Winterstille. Der Vogel fliegt eilends hin und her. Auch der Gärtner ist voll geheimer Unruhe.

Anderntags steht er wieder am Fenster und schaut hinaus. Hinaus ins Offene, Durchsichtige, Aufgeräumte oder auf das vom Schnee gnädig Zugedeckte. Er schaut und ist zufrieden. Da und dort könnte es, genau besehen, besser sein. So manches muß anders werden. Der Pantoffelgärtner sieht Arbeit. Gleich fürs Frühjahr. Das freut ihn. Verdrießen könnten ihn die lästigen Amseln, weil sie noch unter dem Deckreisig hervor das schützende Laub auf den Rasen zerren. Sängen sie nicht bald wieder so hinreißend, morgens um fünf und abends um neun, man müßte sie alle erschießen, die Amseln. Knurrend zieht er die Schuhe an, weil er nicht länger zusehen kann, wie sie am Teich, der sich als ein Bach durch den Garten zieht, vergebens das Wasser suchend übers Gefrorene rutschen. Also den Pickel aus dem Keller holen, Trinkplätze und Badestellen ins Eis stoßen. Es lohnt die Mühe. Bis zum Bauch stehen die ungeliebten Schwarzröcke dann am seichten Rand im Geröll, tauchend, flügelschlagend, spritzend. Eine Schar Stare fällt ein. Das ist erst ein Schauspiel! Stare, wenn sie baden, das sind Wasserwerfer, Spritzbrunnenaufdreher, Fontänenmeister. Ein Südfenster gehört freilich dazu, und ein Gegenlicht.

Der Winter ist des Gärtners schönste Zeit. Wann sonst sieht er so klar, wie stattlich der Bambus steht? Auch das Chinarohrgras, das zierliche, aber schon ebenso hohe. Im Sommer schießen die Halme ins Kraut, alles schießt da ins Kraut und verschwindet hinter seiner Lebenskraft. Jetzt haben die mannshohen, weich überhängenden Stengel von Fargesia murielae ein Drittel ihrer Blätter verloren, jetzt, vor dem schrägen Licht, beleben sie bizarr belaubt die grau und weiße Leere. Ganz anders, drei Meter hoch, aber nicht weniger schön, die trocken raschelnden Fahnen des großen Chinaschilfs, Miscanthus japonicus, am Wasserfaß. Pflanzenschönheit für ein Wintergedicht.

Der Gärtner ist kein Dichter, sondern Täter. Er setzt die Mütze auf, packt Handschuhe, Säge und Scheren, taucht den Pinsel in die Büchse mit dem Baumwundmittel, marschiert ins Freie, obwohl die schwache Sonne von blauweißen Wolkenwalzen weggeschoben wird, die einen wirbelnden, doch fast folgenlosen Schneeschauer von Nordwesten übers Haus werfen – er kann nicht länger warten. Ein Taschenbuch aus dem Ulmer-Verlag ist ihm in die Hand gekommen: »Der Winterschnitt von Obst- und Ziergehölzen«, von Günter Pardatscher. Gewiß, er besitzt dickere Bücher zum Thema, aber dieses hat er gelesen. Und Herr Pardatscher hat ihn auf Trab gebracht. Nicht nur der Hibiskus wartet aufs verjüngende Auslichten. Der ganze Garten wartet. Der Winter, gottlob, ist bald vorbei.

Annette Amrhein
Gartenfreuden

»Das Paket wird heute geliefert«, stand in der E-Mail, Lieferzeit vierzehn bis sechzehn Uhr. Heute schon? Ich sprang auf, war wie elektrisiert. Meine Gartenschuhe! Der Zettel mit den bestellten Pflanzen! Der Spaten!

»Es schlug mein Herz geschwind zu Pferde, es war getan fast eh gedacht«, murmelte ich und hatte keine Ahnung, wo dieses Gedicht plötzlich herkam und warum, ein Pferd hatte ich ja nicht. Ach, diese Vorfreude! Ein echter Pflanzensammler kennt ja kein anderes Glück, als über Gartenmärkte zu schlendern, neue Schönheiten zu kaufen und sie wachsen zu sehen. Aber nicht alles bekommt man vor Ort, und so freut man sich über Pakete voller Kostbarkeiten aus einer Spezialgärtnerei. Man plant, wo sie wachsen sollen, am besten Standort, mit passenden Licht- und Bodenverhältnissen, und träumt von ihrer Blüte und wie sie sich in den ganzen Garten einordnen werden.

Da war ja der Zettel mit dem Plan, wo ich Löcher graben musste. Ich setzte den Sonnenhut auf, ging hinaus in mein kleines Stück Grün und atmete durch. Licht, Luft, Wärme auf der Haut. Eine brummende Hummel, der Duft nach Flieder. Die Freiheit, meine Gedanken zu sammeln. Farben, Formen, Sichtachsen und Ausblicke, all das machte doch einen Garten aus und bedeutete natürlich Arbeit. Aber beim Graben hatte ich den Kopf frei.

Wo sollten denn nun die neuen Pflanzen hin? Die wunderbare Wolfsmilch mit den schwarzen Augen, Black Pearl, in die Sonne natürlich, in der Mitte des Gartens. Meine letzte war eingegangen, und die Nachbarn hatten gefragt: »Wo sind denn die schwarzen Augen hin? Jetzt guckt uns ja keiner mehr an.«

Das würde sich jetzt ändern. Dann der Kerzenknöterich, Polygonum amplexicaule, sein lateinischer Name klang wie ein Lied für mich. Ich sang es leise vor mich hin und grub ein Loch für ihn.

Was stand noch auf meiner Liste? Nichts als Funkien? Ich schob mir den Sonnenhut weiter in den Nacken. Herrje, was war ich doch für eine Sammlerin! Zuerst hatte ich ständig neue Schneeglöckchen gekauft, aber das überstieg schnell mein Budget, manche Zwiebeln kosteten bis zu dreihundert Euro. Dann sammelte ich Storchschnäbel, schließlich landete ich bei den Funkien. Bei ihnen verweilte ich nun schon lange. Die Arten geisterten immer wieder durch meine Gedanken, selbst aus dem Schlaf hochgeschreckt, hätte ich sofort aufzählen können: Weißrandfunkien, Goldrandfunkien, Grünrandfunkien, Blaublattfunkien, Rotstielfunkien, Riesenfunkien, Zwergfunkien, Lilienfunkien, Glockenfunkien und so weiter und so fort, von den putzigen Mausohrfunkien nicht zu reden. Leider breiteten sich manche davon ziemlich stark aus. Natürlich teilte ich die Pflanzen, das soll ihnen ja guttun, trotzdem waren es zu viele. Was übrig war, schenkte ich meiner Freundin Paula, die schon von meinem Sammeltrieb sehr gebeutelt war. Als ich ihr das letzte Mal die Klappkiste mit acht Töpfen aufdrängte, hatte sie so einen verkniffenen Gesichtsausdruck und auch vorher immer wieder die Gabe abgewehrt. Aber was soll ich machen? Es gibt immer wieder neue Sorten, zu denen ich einfach nicht nein sagen kann. Schon die verrückten Namen! *Strawberry-Banana-Smoothie*, *Apple Candy* oder *Raspberry Sorbet*. Zuletzt schenkte ich Paula *Fire and Ice* und *Hanky Panky*. Eigentlich komisch, dass sie alle englische Namen haben, dachte ich beim Graben der Löcher, und während ich noch so stand und mir vorstellte, wo welche Funkie am besten gedeihen würde, hörte ich Paulas Stimme vom Gartenzaun. Sie winkte mir zu und hatte einen Klappkorb dabei. Ich ging ihr entgegen und rief: »Komm rein, du weißt doch, wie das Gatter aufgeht.«

Sie kam. Ich schaute auf den Korb. Einkäufe hätte sie im Auto gelassen. Das, was sie mithatte, musste wohl für mich sein.

»Das sind ja Funkien«, sagte ich baff.

»Du hast mir doch immer von deinen Pflanzen abgegeben. Da wollte ich mich heute mal revanchieren«, sagte sie.

»Du kaufst doch selbst gar keine Funkien«, entgegnete ich verwundert.

»Doch, doch, ich kann dir ja aber erst davon abgeben, wenn sie sich kräftig vermehrt haben. Jetzt ist es so weit! Ich will gern mit dir teilen, so wie du mit mir.« Dieses Lächeln! War das eher ein Zähnefletschen?

»Ach«, murmelte ich und schaute mir an, was sie da hatte. Das waren doch meine eigenen Pflanzen! Oder nicht? Verunsichert blickte ich in die Kiste. »Das sieht ja aus wie *Hanky Panky*«, sagte ich, aber Paula widersprach sofort: »Nein, das ist *Huckadiduck-Tree*.«

»Echt? Hab ich noch nie gehört, den Namen. Und die erinnert mich an *Fire and Ice*.« Auch hier widersprach Paula: »*White Milk Powder*.« Sie tischte mir diverse Sorten auf, allesamt englische Namen. Ich übersetzte sie im Geiste und fragte mich, warum man eine Pflanze »*Alter Mann im neuen Auto*« oder »*Eichhörnchen auf dem Eisberg*« nennen sollte. Paula ließ sich auf keine Diskussion ein. Sie habe noch einen Termin, sagte sie, stellte mir den Korb vor die Füße, winkte, und dann war sie auch schon weg. Ich starrte auf die Funkien. Tief in meinem Innern wusste ich, dass Paula mir eine Grenze setzen wollte und mich verulkt hatte. Aber bei einem echten Sammler hinterlässt ein Sortenname tiefe Verunsicherung. Was, wenn es *Huckadickduck-Tree, White Milk Powder, Old Man in New Car* oder *Squirrel on Iceberg* wirklich gab? Und ich sie nicht besaß? Nein, das ginge nicht an, sagte ich mir und pflanzte alle neuen Funkien liebevoll in die vorhandenen Löcher. Die Sonne schien auf meine Haut, es duftete nach Flieder, die Hummeln summten – und ich hatte viel zu tun. Ich musste neue Löcher graben!

Peter Bichsel
Gespräch mit Freunden

Es gibt Tage, die haben keine Gelegenheit stattzufinden. Sie sind dadurch gelähmt, daß man heute nichts tun kann, weil noch so viel zu tun wäre – morgen, übermorgen, nächste Woche. Man kann jetzt nichts tun, weil viel anderes dringend zu tun wäre, und nicht alles, was morgen zu tun ist, kann man heute schon tun.

Am Ende eines solchen langen, langen Tages zwei gute Freunde getroffen. Zwei von jenen Freunden, die man selten sieht, oft monate- oder jahrelang nicht, und an die man immer denkt, nach denen man sich immer wieder erkundigt und sich vornimmt, sie anzurufen. Wir setzten uns in die Abendsonne und redeten und redeten.

Der Tag wurde doch noch zu etwas, zu einem Augenblick, zu einem langen Augenblick. Ich stellte beim Nachhausegehen fest, daß ich doch gern lebe.

Ich erzählte meiner Frau von der beglückenden Begegnung, und sie wollte wissen, wie es den beiden denn gehe. Zu meiner Überraschung wußte ich es nicht. Dann wollte sie wissen, was sie denn erzählt hätten. Das wußte ich zwar noch – das Gespräch war mir wichtig und hatte mich beglückt –, aber nun war es plötzlich nicht mehr erzählenswert. Zwar wußte ich noch, wovon wir gesprochen hatten, aber ich hätte nur den Inhalt des Gesprächs wiedergeben können, und hätte ich es getan, ich hätte mir selbst die Freude an jener Begegnung verdorben.

Warum kann man das später nicht erzählen? Ganz einfach: Eben weil es nicht erzählbar ist.

Ich habe zwei Bücher bekommen, auf denen mein Name steht

und die ich nicht lesen kann – eines auf dänisch, eines auf koreanisch. Selbstverständlich freue ich mich, bin ein wenig stolz darauf, und weil ich sie nicht lesen kann, bleibt mir nichts anderes übrig, als sie ein bißchen zu streicheln. Aber irgendwie sind mir die beiden Bücher peinlich. Ich fürchte, daß sie vielleicht nur übersetzt sind, daß darin nur wiedergegeben ist, was ich geschrieben habe. Ich nehme zwar an, daß der Übersetzer sich über meinen Text gefreut hat – so wie ich mich über das Gespräch gefreut habe –, aber ich fürchte, daß er ihn nur wiedergibt, ohne ihn erzählbar gemacht zu haben. Was man erzählt, das muß erzählbar sein.

Es gibt bestimmt unübersetzbare Texte – Texte, die man nicht noch einmal erzählbar machen kann.

Die Fragen meiner Übersetzer nach der Bedeutung einzelner Wörter machen mich skeptisch, die Bedeutung einzelner Wörter hat mit der Erzählbarkeit nichts zu tun.

Es würde mir leichter fallen, über Paris zu erzählen als über New York. Paris kenne ich sehr gut aus literarischen und privaten Erzählungen, aus dem Kino auch. Paris ist für mich zum vornherein eine Erzählung, weil ich im wirklichen Paris noch nie war. In New York war ich aber oft und lange. Vorläufig würde mein Bericht darüber heißen: »Ja, ja. New York.« Für mehr müßte ich es erst erzählbar machen.

(Ich erinnere mich an den alten Bauernknecht, der – vor allem durch mißliche Umstände – weit in der Welt herumgekommen war. Er war ein ehrlicher Erzähler, und das ging so: »Hongkong zum Beispiel, ühh dehr – Helsinki zum Beispiel, ühh dehr – Paris zum Beispiel, ühh dehr ...« Ich hätte ihm stundenlang zuhören können, die Namen der Orte, die er genüßlich über die Zunge fließen ließ, waren die ganze Geschichte. Er konnte viele Fremdsprachen. Und er wußte von den Grenzen der Erzählbarkeit.)

Als Kind hat man sich vorgestellt, später einmal die ganze Welt anzuschauen, Afrikaforscher zu werden, China zu bereisen wie Marco Polo. Ich saß vor der Weltkarte und plante meine Reisen. Auf Australien verzichtete ich zum voraus, aber Paris hatte erste Priorität. Inzwischen bin ich durch beruflichen Zufall in Australien gewesen, in Paris nie. Ich werde das auch nicht nachholen. Aber die Möglichkeit, einmal hinzufahren, bleibt mir wichtig. Ich bin darauf angewiesen, daß es Paris gibt. Im Kleinen nennt man das Infrastruktur: Alle ärgern sich darüber, daß sonntags fast alle Restaurants geschlossen sind, aber die wenigen in der Stadt, die offen sind, sind leer. Man geht zwar nicht hin, aber die Vorstellung, überhaupt nicht hingehen zu können, ist unerträglich. Ich war schon seit Monaten nicht mehr im Kino – trotzdem, ich finde, daß es in meiner Stadt zu wenige Kinos gibt. Ich bin froh, daß es eine ganze Welt gibt. Ich brauche sie als Fluchtmöglichkeit – nicht in Wirklichkeit, aber in meinem Kopf. Ich bin froh, daß Paris am Sonntag offen ist.

Darüber sprachen wir drei an diesem schönen Abend, fiel mir hinterher ein. Und wenn man mich fragt, warum denn das Sprechen über solche Dinge glücklich machen kann, dann kann ich nur hilflos mit den Schultern zucken, denn weil ich es nicht übersetzen kann vom Deutschen ins Deutsche, weil ich es nicht erzählbar machen kann, bleibt es nur ein Inhalt, nur ein Thema. Sprache hat mit Sprechen zu tun. Hie und da erleben wir Sprache als Glück. Eben, wenn wir sprechen – über irgend etwas –, über Paris zum Beispiel.

Marie Luise Kaschnitz
Herbst – meine Jahreszeit

Der Herbst war meine Jahreszeit von jeher, was als ungesund
empfunden wurde, ein junger Mensch hat den Frühling zu
lieben, den schüchternen Vorfrühling mit seinen Schneeglöckchen unter aalschwarzen Baumästen oder den alten Liebes-
monat Mai, allenfalls noch den Rosensommer, welche Jahreszeiten mich ganz kalt ließen, ja mich, in ihrem Zuwachs an
Helligkeit, geradezu störten. Vom 21. Juni, dem Tag der Son-
nenwende an, begann ich aufzuatmen, jetzt konnten die Tage
nicht mehr länger werden, jetzt begann es sich, langsam, langsam wieder um mich zu schließen, das süße Netz der Dunkelheit, der Höhlentiefe, des Traums. Länder, in denen die Sonne
einige Monate lang überhaupt nicht untergeht, nur am Rande
des Horizontes dahinrollt, fand ich entsetzlich, gegen Mitternacht noch im Freien die Zeitung lesen, wer möchte das, ich
möchte es nicht. Schon als ich ein Kind war, entzückte mich
die besondere Buntheit des Herbstes, was die andern melan-
cholisch machte, stimmte mich lustig, ich sah gut aus, ich
wollte immer essen, meine Haare, meine Nägel wuchsen doppelt so schnell. Ich rannte und wirbelte mit den Füßen das
feuchte farbige Laub auf, daß all dies auf den Winter zuführte,
bedachte ich nicht. Im Laufe der Jahre hat sich daran nicht
viel geändert, in den Herbst, in dessen pathetischer Klarheit
ich sozusagen immer gelebt hatte, wachse ich jetzt hinein,
wie ein Kind in ein Kleid aus der Kostümkiste, ein ehemals
zu weites, zu langes, zu buntes Kleid. Ich kann es mir heute
erlauben, Drachen steigen zu lassen, phantastisch Aufgeputz-
tes, das sich den Winden anvertraut, das hoch hinauffliegt,
und das am Ende die Stoppeln zerreißen und der November-

schlamm bedeckt. Es wird mir auch niemand mehr übelneh-
men, daß ich auf meinen Schlaf halte, meine halben und ganzen Träume, und daß mir von allen Altären der liebste der ist,
auf dem sich die Früchte häufen, gelber Mais, rote Melone,
goldgrüne Birne, Kornährenbüschel, Tomaten, in manchen
Gegenden auch Granatäpfel, die tausendkernige Frucht.

Lars Mytting
Holzhacken

Für viele Menschen ist die Zeit vor dem Hauklotz die reinste Meditation, da Holzhacken eine wunderbare Kombination aus Wiederholung und Variation darstellt. Überdies ist es häufig die erste körperliche Arbeit, die man nach einem langen Winter an der frischen Luft verrichtet. Auch alte Menschen kommen hinter dem Ofen hervor und machen mit. Überall auf dem Land hört man ihre Kreissägen. Der Geruch von frischem Harz und Sägespänen liegt in der Luft, weshalb hier noch einmal Hans Børli zitiert sei: »Als ginge das Leben barfuß vorbei, mit Morgentau im Haar. Den Duft von frischem Holz wirst du als Letztes vergessen, wenn der Vorhang fällt.«
Holzhacken ist für viele Menschen das Beste am Holzmachen. Die Faszination, wenn ein Stammstück im Bruchteil einer Sekunde auseinanderbricht und sein glänzendes, wohlriechendes Inneres zeigt. Diese Arbeit ist eine der archaischsten Tätigkeiten, die der moderne Mensch heute noch verrichten kann und bei der er sich in nichts vom Urmenschen unterscheidet. Hier hat man Gelegenheit, schweres Handwerkszeug unter Einsatz seiner ganzen Kraft zu nutzen und die Probleme des Alltags mit jedem Schlag weiter wegzuschicken. Jedoch sollte man sich konzentrieren und die Gedanken nicht allzu weit abschweifen lassen, sonst hat man die Axt auf einmal im Schienbein stecken.
Man darf beim Hacken all seine Kraft einsetzen – durchaus auch rohe Kräfte. Es tut einfach gut, wenn man einen widerspenstigen, astreichen Fichtenstamm schließlich doch mit seiner Arme Kraft gespalten hat. Daran erinnert man sich gerne, wenn diese Scheite im Ofen Licht und Wärme geben.

Man mag es als Anachronismus betrachten, wenn ein moderner Mensch sich einer so archaischen Arbeit widmet, aber die innere Ruhe, die sie einem gibt, erlebt man im Berufsalltag kaum. Natürlich kann man auch im Büro oder mit der Familie Erfüllung finden, aber nichts ist vergleichbar mit dem Seelenfrieden, den man durch praktische Arbeit erfährt. Wenn ein Klotz gespalten ist, ist er gespalten. Man kann nichts rückgängig oder besser machen. Den Frust des Tages kann man auf das Holz übertragen und später im Ofen verbrennen. Das Angenehme am Brennholz ist, dass es einfach im Ofen verschwindet, ohne erst von einem Komitee begutachtet, von einem Beamer an die Wand geworfen oder mit einem konkurrierenden Scheit verglichen zu werden. Irgendwann im Winter landen auch die schief gespalteten oder gesplitterten Scheite im Ofen, und sie geben genauso viel Wärme wie ein perfekt gekapptes und gespaltetes Stück Holz. Macht es nicht sogar besonders viel Freude, das Wurzelholz der Kiefer zu verfeuern, das einem beim Verarbeiten solche Probleme bereitet hat?

Ernst Penzoldt

Musik der Insel

Womit könnte ich Dich noch auf die Insel locken, wenn nicht
durch Ariels Gesang, also mit Hilfe Deiner musikalischen Natur. Du wirst freilich sagen, was man dort hört, das ist doch
keine Musik. Musik kann nur der Mensch machen (und die
Engel). Ich gebe Dir recht, aber komm nur erst einmal und
hör zu. Mit dem feinsten Ohr wirst Du sogar das zarte Klingen des Sandes vernehmen, keine Sonate natürlich, aber doch
so etwas wie die freien Elemente der Musik, süßen Wohllaut
jedenfalls. Manchmal freilich, wenn man irgendwo in der
Mondlandschaft der Dünen in der Sonne liegt, kann man
wohl erschrecken über ein unerwartetes Lachen, ein heiseres,
kurzes, höhnisches Hä-hä, dass einem die Haut schaudert,
bis Du die Möwe siehst, die lautlos vom Aufwind sich vorüber-
tragen läßt. Wenn Du über die Heide gehst, tönt die Luft von
Lerchensang. Ich gebe zu, sie wiederholen sich stark, sie reiten
immer wieder auf derselben Figur und demselben Rhythmus
herum, darin manchen neueren Komponisten ähnlich, aber
der Raum des Himmels über Dir bekommt erst dadurch seine
Form, und wenn ich mir die Hölle vorstellen soll, dann in
furchtbarer Stille in völliger Laut- und Raumlosigkeit.
Das Wogenrauschen des Meeres gibt natürlich auch viel her,
und ich wundere mich immer, wie das Wasser, das durchsichtige und flüssige Element, so metallisch laut sein kann. Allmählich hört man auch da einen gewissen Rhythmus heraus
und wartet auf den Einsatz des Blechs, die Trompeten und
Posaunen. Die Musik der Steine, denn auch sie, die stummen,
haben ihre Musik, wenn sie in zurückflutender Welle aneinan-
derschlagen, und das hohle Seufzen und Gurgeln an den Buh-

nen – lauter Geräusche nur, wirst Du sagen, nicht Musik, aber Stimmen sind es, denen Du lauschst. Sie haben einem allerlei zu sagen.

Auch wenn man bei Ebbe am Watt entlangwandert, ehe die Flut kommt, dann hörst Du ein Singen, Flüstern und Rieseln, von den Melodien des Windes gar nicht zu reden und dem Rufen der Strandvögel, den frechen Pfiffen der Austernfischer und dem wehleidigen Tü-Tü der Rotschenkel. Manchmal dröhnt von ferne ein gewaltiger Paukenschlag, von einem Schiffsgeschütz vermutlich. Irgendwo auf Erden wird halt immer geschossen. Und dann ist da noch etwas, nicht draußen in der Landschaft, sondern in unserem strohgedeckten Haus, ein chinesischer Gong, aber nicht so ein gewöhnlicher, flacher, an die Wand zu hängen, sondern ein bauchiges Bronzegefäß mit einer in Silber tauschierten Drachengirlande. Wenn man mit dem handgranatenförmigen Schlegel an den inneren Rand schlägt, dann tönt es minutenlang nach. Ich habe es mit der Uhr in der Hand ausprobiert. Es muß ein Tempelgong sein, denn er klingt feierlich und vertreibt die bösen Geister. Es ist ein heilsamer, die Unruhe ordnender Ton.

Doch damit Du endlich auf Deine Kosten kommst, Du musikalischer Mensch, ein wenig wenigstens, erzähle ich Dir rasch noch von Uwe, dem kaum neunjährigen Musikanten, der das Schifferklavier, die Ziehharmonika, schon recht artig zu quetschen weiß, reizend anzuschauen mit seinem Beethoven-Bubengesicht und der Pagenfrisur, seiner genierten Koketterie und koketten Geniertheit. Der kleine Künstler trägt ein brombeerfarbenes Samtwams. Er hat es bestimmt faustdick hinter den Ohren und kennt seinen Zauber.

Gabriela Jaskulla

Jogging

Jeanette war mit dem Fahrrad bis Zwischendorf gefahren, von dort weiter nach Süden und war dann scharf abgebogen nach rechts, Richtung Dünenheide. Sie lehnte das Fahrrad an einen Wacholder, in den vor Jahren der Blitz gefahren war, zog die Schnürsenkel ihrer Schuhe fest, dehnte und streckte sich. [...]

Dann trabte sie los.

Augenblicklich veränderte sich ihr Atem. Jeanette liebte diesen Moment der Verwandlung. Wenn sie von der Fußgängerin zur Läuferin wurde. Dann sammelte sich alles in ihrem Laufen. Und alles andere blieb zurück.

Diese Erfahrung hatte sie bereits früher gemacht. Immer schon war sie dem Tag am liebsten in fest geschnürten Laufschuhen entgegengetreten. Immer schon hatte sie laufend alles Lästige und Trübe hinter sich gelassen, hatte Klarheit gefunden, den sonst so sträflich vernachlässigten Körper gespürt. Die Dünenheide forderte alles von einem Sportler. Wer hier lief, musste ganz bei der Sache sein, sich konzentrieren, den Blick halb nach vorn, halb nach unten gerichtet, den Füßen nur um wenige Meter voraus. Der schmale Weg vor ihr buckelte und krümmte sich, Wurzeln reckten sich in bizarren Formen daraus hervor, von Gräsern und Heidekraut halb verdecktes Astwerk und lose Steine verlangten Aufmerksamkeit. Ein stetiges Bergauf und Bergab, ein sich Schlängeln und Biegen: Die Landschaft, die den Süden der Insel bestimmte, hatte nichts von einer lieblichen Heidefläche an sich; hier hatte der Wind getobt, über Jahrtausende, und sich mit dem Sand gebalgt. Und das Ergebnis war diese sich duckende und aufbäu-

mende Landschaft, wenige Quadratkilometer, aber undurch-
dringlich, wuchernd, sich verändernd und kriechend, klam-
mernd und schlingend.

[…]

Eins, zwei, drei – ausatmen! Eins, zwei, drei – einatmen! Nach
fünf Minuten hatte Jeanette ihren Rhythmus gefunden. Sie
musste sich nicht mehr um ihre Schrittlänge kümmern oder
die Häufigkeit ihres Atmens. Das war am Anfang des Som-
mers noch ganz anders gewesen. Da war sie bei ihren Läufen
rasch außer Atem geraten, ihre Lungen hatten gebrannt. Wütend war sie weitergelaufen, hatte ihren Beinen sozusagen Beine gemacht, indem sie sich selbst lautlos beschimpfte – nur,
um hundert Meter weiter erschöpft die Hände auf die Knie
zu stützen und nach Luft zu ringen. Dann wieder waren ihr
die Beine schwer geworden, kaum, dass sie Stiftsdorf hinter
sich gelassen hatte.

Der Weg nach Zwischendorf war ihr zu weit erschienen, obwohl man die ersten Häuser schon über den Deich lugen sah.
Aber genau das war das Problem: die zu weite Sicht, die offene
Landschaft. Dann war ihr die Dünenheide eingefallen, dieses Alpenpanorama für Gnome, wie sie es einmal boshaft
genannt hatte. Eine Gegend, die sie bisher immer gemieden
hatte. Dort wäre sie einigermaßen geschützt vor den Blicken
der anderen. Jeanette, die das Ladestein-Haus souverän leite-
te und allgemein als exzellente Gastgeberin geschätzt wurde,
Jeanette, die ohne weiteres in der Lage war, spontan vor einer
größeren Gesellschaft zu sprechen und Sponsorengelder ein-
zuwerben – Jeanette hatte all die Aufmerksamkeit satt. Das
hatten die Wochen und Monate in der Klinik gemacht. Jedes
Betrachtet-Werden erschien ihr mittlerweile prüfend, jede
Geste von der Absicht zu helfen bestimmt. Als sie ein sehr
kleines Kind gewesen war, hatte sie lange das Sprechen ver-

weigert, so dass ihre Eltern anfingen, sich Sorgen zu machen. Aber dann hatte Jeanette eines Tages doch völlig überraschend gesprochen, und noch immer erzählten ihre Eltern amüsiert, was ihr erstes Wort gewesen war: »Alleine!«

Das war ihr in der Klinik wieder in den Sinn gekommen, und das war auch jetzt ihr Mantra beim Laufen: »Alleine! Alleine! Ich kann's noch.« Oder: »Ich kann's wieder.«

So schwor sich Jeanette ein auf ihr neues Leben.

Nach einer halben Stunde begann Jeanette zu schwitzen. Was für ein guter, heißer, klarer Schweiß das war! Nicht dieser klebrige, kalte Film der Verängstigten. Nicht die Nebenwirkung unerklärlich wirkender Medikamente. Das hier war Arbeit, also schwitzte sie rechtschaffen. Sie wischte sich mit dem Handrücken die Schweißtropfen aus dem Gesicht. [...]

Eine Viertelstunde später bog Jeanette auf einen der Hauptwege ein. Sie hatte jetzt Lust auf den Strand und einen Blick auf das Meer, ein Gefühl der Offenheit. Wenn man durch die Heide streifte, vergaß man leicht, dass nur wenige hundert Meter entfernt die Ostsee wartete. Die offene See, die hier, im Süden der Insel, oft große Wirbel und Kreisel machte, die Insel von unten umwarb. Unwillkürlich ging Jeanette ein wenig schneller. Da vorn ging es hinaus. Sie lenkte ihre Schritte hinauf auf den Deich und hielt inne. Der Anblick war berauschend. Gerade brach die Sonne mit aller Macht durch. Immer wieder gelangen der Natur die großartigsten Inszenierungen. Jeanette atmete tief ein. Ihr Herz klopfte noch immer heftig. Sie konnte das Salz in der Luft schmecken, spürte es als Prickeln auf ihren trockenen Lippen. Sie leckte mit der Zunge darüber. Als ob sich das Meer anbot, als ob es lockte und reizte.

Jonglieren

In den Kulissen steht ein großer hellbrauner Koffer. An seinem Griff ist ein struppiger Gummihund als Talisman befestigt. Und in dem Koffer liegen weiße und buntverzierte Reifen, kleine und große Bälle, metallisch blitzende Keulen und weiße Stäbchen. Darunter versteckt hockt eine teuflisch rote Puppe, sozusagen ein Schutzgeist, den Paul Kemp dem jungen Meisterjongleur Franzl Brunn geschenkt hat. Noch sind es tote Gegenstände, die in dem weitgereisten Behältnis ruhen und die erst aus den Händen des Jongleurs ihr Leben erhalten. [...]

Behende und federnd geht der Jongleur zu seinem Koffer und entnimmt ihm drei Keulen, die erst langsam und dann immer schneller durch die Luft zu wirbeln beginnen. [...] Franzls dunkle Augen blicken angespannt in das Kreisen der Dinge, seine Hände scheinen mechanisch zu arbeiten und wie mit magnetischer Kraft die Keulen an sich zu ziehen. Schon meint man, das Wunder unfehlbarer Sicherheit wäre vollkommen, aber da fällt – plauz! – eine Keule zu Boden, und man atmet auf, weil man wieder weiß, daß hier eine durch jahrelanges Üben bis zum äußersten gesteigerte menschliche Geschicklichkeit und kein motorischer Mechanismus am Werk ist.

Und dann entfaltet sich, immer erstaunlicher für den Zuschauer, die jung erworbene Meisterschaft des deutschen Jongleurs. Die weißen Reifen fliegen von weit her auf ihn zu, er greift sie. Die kleinen Bälle [...] steigen und fallen wie ein bunter Fontänenstrahl. [...] Die großen bunten Bälle kreisen auf seiner Fingerspitze, hüpfen über Kopf und Nacken, stehen plötzlich still, bewegen sich weiter, als gehorchten sie – willige

Diener – einem Befehl: Sie werden mit dem Kopf nach oben geboxt und mit dem Kopf im Laufen wieder eingefangen. Gibt es hier noch ein Gesetz der Schwere? Und plötzlich vollzieht sich ein Meisterstück der Jonglierskunst: neun Reifen werden hochgeworfen und wieder eingefangen, während der junge Jongleur Ball und Stäbchen auf dem Kopf balanciert.

Francis Ponge
Kartoffeln schälen

Eine gekochte Kartoffel von guter Qualität zu schälen ist ein erlesenes Vergnügen.

Man nimmt sie zwischen die Daumenbeere und die Spitze des Messers, das die andern Finger derselben Hand halten, und zieht – nachdem man sie angeschnitten hat – dieses rauhe, dünne Papier an einer seiner Lippen zu sich, um es vom appetitlichen Fleisch der Knolle zu lösen.

Der leichte Eingriff verschafft, wenn man gelernt hat, ihn ohne allzuviel Neuansetzen durchzuführen, ein Gefühl unaussprechlicher Befriedigung.

Das leichte Geräusch beim Ablösen der Gewebe ist für das Ohr angenehm und die Entdeckung des eßbaren Fleisches erfreulich.

Wenn man die Vollkommenheit der entblößten Frucht, ihr Anders-Sein, ihre Ähnlichkeit, ihre Überraschung – und die Leichtigkeit des Eingriffs – bedenkt, so scheint's, als habe man etwas Rechtes vollbracht, etwas von der Natur schon lange Vorhergesehenes und Gewünschtes, das zu erfüllen jedoch uns zum Verdienst gereicht.

Deswegen will ich auch nichts weiter drüber sagen, selbst auf die Gefahr hin, daß ich mich scheinbar mit einem allzu simplen Werk zufriedengebe. Ich brauchte ja nur – in ein paar mühelos hingeworfenen Sätzen – mein Thema zu entkleiden, brauchte nur ganz genau dem Umriß seiner Form nachzugehen: sie unberührt, doch poliert, strahlend und durchaus bereit, die Freuden des Genusses zu erleiden wie zu spenden, hinterlassend. ... Diese Zähmung der Kartoffel durch eine zwanzigminütige Behandlung mit kochendem Wasser ist recht merkwürdig (gerade jetzt, während ich schreibe, kochen vor mir – es ist ein Uhr morgens – Kartoffeln auf dem Herd).

Man hat mir gesagt, es sei besser, wenn das Wasser scharf, gesalzen sei: es muß nicht sein, ist aber besser so.

Ein Heidenlärm läßt sich vernehmen: das Wasser kocht. Es gerät in Zorn, ist zumindest auf dem Gipfel der Unruhe. Wütend löst es sich in Dampf auf, schäumt, brüht sogleich, pfeift und zischt: kurz und gut, es ist höchst aufgeregt auf diesen glühenden Kohlen.

Meine Kartoffeln, die da drin schwimmen, werden von Zuckungen befallen, durcheinandergeschüttelt, beschimpft, bis aufs Mark durchtränkt.

Zweifellos gilt der Zorn des Wassers nicht ihnen, doch müssen sie seine Auswirkungen ertragen – und da sie sich nicht freimachen können von dieser Umgebung, werden sie tiefgreifend von ihr verändert (ich wollte schreiben: gehen sie dabei auf …).

Zu guter Letzt bleiben sie erledigt oder zumindest sehr abgekämpft darin liegen. Wenn sie mit ihrer Gestalt davongekommen sind (was nicht immer der Fall ist), sind sie gar, sind sie gefügig geworden. Alle Härte ist aus ihrem Fleisch verschwunden: sie schmecken einem.

Auch ihre Haut hat sich ebenso rasch verändert: man muß sie abziehen (sie ist zu nichts mehr nutze) und zum Abfall werfen …

Bleibt der bröcklige und schmackhafte Block – der zunächst zwar, doch nicht so sehr, zum Leben und dann zum Philosophieren taugt.

Lily Brett
Kochen

An dem Tag, als mein Mann mich anrief, um mir zu sagen, daß er mich heiraten wolle, schwammen in meiner Badewanne sechzehn tiefgekühlte Fasane. Ich war gerade dabei, sie aufzutauen. Sie hätten frisch geliefert werden sollen, nicht tiefgekühlt.

Ich erwartete zweiunddreißig Gäste zum Abendessen. Hygienisch betrachtet, ist es nicht leicht, Geflügel aufzutauen. Ich bemühte mich, die Fasane aufzutauen und sie gleichzeitig kühl zu halten. Die Vögel boten einen traurigen Anblick. Sechzehn nackte, armselige kleine Körper, die im Badewasser auf und nieder tanzten.

»Ich liebe dich«, sagte er am Telefon zu mir. »Ich wurde geboren, um mit dir zusammenzusein.« Ich zog meine Gummihandschuhe aus. Eine solche Unterhaltung kann man nicht führen, wenn man Gummihandschuhe trägt.

»Ich habe sechzehn Fasane zum Auftauen in der Badewanne liegen«, sagte ich zu ihm. Das schien ihm nichts auszumachen. »Ich habe noch nie im Leben einen Fasan zubereitet«, sagte ich. Ich wollte nicht, daß er mich für die Sorte Mensch hält, die ständig Fasane brät.

Ich war ein bißchen nervös und wußte nicht, was ich sonst noch sagen sollte. »Nur eine Wahnsinnige würde bei ihrem ersten Versuch, Fasan zuzubereiten, sechzehn Stück nehmen«, sagte ich.

»Ich liebe dich«, sagte er. »Ich möchte dich heiraten.« Ich hörte auf, von den Fasanen zu reden. Die Fasane waren nicht mein Problem. Ich hatte ein viel größeres Problem. Ich war mit einem anderen Mann verheiratet.

Essen scheint in vielen Bereichen meines Lebens eine zentrale Rolle gespielt zu haben. Meine Mutter war eine sehr gute Köchin. Wenn sie kochte, lebte sie in ihrer eigenen Welt. Einer quicklebendigen Welt. Sie war ständig in Eile. Sie knallte Töpfe und Pfannen auf den Herd; sie schlug die Türen der Küchenschränke zu. Sie öffnete und schloß einen Drehschrank in der Ecke der Küche mit solcher Geschwindigkeit, daß ich fürchtete, sie würde sich eines Tages gleich ein paar Finger mit abdrehen.

In der Küche meiner Mutter ging es immer laut zu. Ihr Mixer surrte, und ihr Fleischwolf dröhnte. Meine Mutter hackte und mischte und rührte und knetete. Während das Essen kochte, wusch sie genauso laut und energisch das schmutzige Geschirr ab.

In diesem ganzen Tumult gelang es meiner Mutter, ein hervorragendes Essen auf den Tisch zu bringen. Es schmeckte nicht nur gut, es sah auch noch wunderbar aus. Meine Mutter arrangierte ihre Essen sehr kunstvoll. Und das war lange Zeit vor Gourmetkritikern oder *Vogue Living*.

Sie kochte immer viel zuviel. Zuviel für die täglichen Mahlzeiten der Familie und zuviel für ihre Gäste, die sie regelmäßig zum Abendessen einlud.

[…]

Wir wußten alle, daß wir in der Küche nichts verloren hatten, wenn meine Mutter kochte. Manchmal machte mein Vater den Fehler, in die Küche zu schleichen, um etwas zu trinken oder um sich ein Bier zu holen. Und zwar mit Sicherheit dann, wenn meine Mutter gerade ein Soufflé im Ofen hatte. Das Soufflé meiner Mutter spürte auch den vorsichtigsten Schritt. Selbst beim leisesten Lufthauch fiel das Soufflé zusammen. Meine Mutter war stolz auf ihre perfekten Soufflés. »Das Soufflé, Moniek, das Soufflé«, schrie sie, wenn er in die Küche drängte.

Kochen war etwas, das meine Mutter allein machte. Sie wollte nicht, daß man ihr in der Küche Gesellschaft leistete. Sie redete nicht gern beim Kochen. Sie wollte auch keine Hilfe. »Geh lernen«, sagte sie, wenn ich ihr helfen wollte. Sie war gern allein mit ihren Töpfen und Pfannen, ihren Kochlöffeln und Bratenwendern. Und sie behielt ihre Rezepte für sich. Wenn Freunde ihr zusetzten, ihre Rezepte preiszugeben, machte sie ungenaue Mengenangaben. Eine Handvoll von diesem, ein Stück von jenem. Es ist keinem je gelungen, eines ihrer Rezepte nachzukochen.

Obwohl ich in der Küche nichts zu suchen hatte und meine Mutter mir kein einziges Rezept verriet, lernte ich mit der Zeit, alle ihre Gerichte zuzubereiten. Darüber wunderte ich mich oft. Woher wußte ich, wie man eine Kapuschniak, eine Suppe aus Sauerkraut, Kartoffeln und Kalbsknochen, kocht? Ich wußte es einfach. Ich schloß die Augen und sah meine Mutter, wie sie Zwiebeln anröstete. Dann fügte sie Mehl und Pfeffer hinzu und goß mit Wasser auf. Danach kamen die Knochen hinein. Wenn sie lange genug gekocht hatten und sich das Mark löste, wurde das Sauerkraut hinzugefügt und zum Schluß die geschälten Kartoffeln. Als ich die Suppe das erste Mal kochte, erklärte mein Vater, sie würde genauso schmecken wie die meiner Mutter. Und das war ein Kompliment, das ihm nicht so ohne weiteres über die Lippen kam.

Wie sickert dieses Wissen in uns ein? Durch Osmose? Ich kann Lattkes, Tzimmes, Klops, Mazzebrei, Farfel und Kascha zubereiten.* Ich kann Kalbsbrust machen und das Brathuhn meiner Mutter. Offenbar nehmen wir viel mehr in uns auf, als

* Lattkes: Kartoffelpuffer; Tzimmes: gesüßte Karotten; Klops: Hackbraten; Mazzebrei: Brei aus ungesäuertem Brot; Farfel: Nudeln; Kascha: Grießbrei.

uns bewußt ist. Ich habe so viele intensive Erinnerungen an meine Mutter, wie sie in ihrer Küche steht und kocht. Ich bringe meine Mutter zum Leben, indem ich ihre Gerichte zubereite. Ich sehe, daß ich Küchenutensilien ebenso handhabe wie sie. Ich schäle Äpfel und Kartoffeln mit den gleichen Gesten und Bewegungen.

Ich habe ähnliche Hände wie meine Mutter. Manchmal, wenn ich meine Hände dabei beobachte, wie sie Zwiebeln hacken oder einen Apfel vierteln, vergesse ich, wer ich bin. Dann denke ich, ich sei meine Mutter. Manchmal bin ich darüber beunruhigt, manchmal bin ich unglücklich, manchmal tröstet es mich. Und manchmal ist es so intensiv, daß ich aus der Küche ins Bad gehen muß. Dort sehe ich in den Spiegel und erkenne, daß ich ich selbst bin.

Meine Mutter ist überall in meiner Küche gegenwärtig. Ich habe einen alten Sunbeam-Mixer. Der ist nicht so praktisch wie die neueren Maschinen, die hacken und reiben und rühren und mixen können. Aber ich behalte ihn in meiner Küche, weil er genau das gleiche Modell ist wie der, den meine Mutter in ihrer Küche hatte.

Nachdem meine Mutter gestorben war, nahm ich ihr Nudelholz, ihre Reiben und Siebe, Geflügelscheren und Holzlöffel und hing sie in meiner Küche auf. Ich benutze sie jeden Tag. Ich rühre Zwiebeln mit dem gelben Plastiklöffel, den sie für ihre Teflonpfanne verwendete, und ich schöpfe Suppe mit ihrer Suppenkelle mit dem grünen Griff.

Meine jüngere Tochter, eine sehr talentierte Köchin, brät ihren Klops in demselben Schmortopf, in dem auch meine Mutter Klops zubereitet hatte. Diese Tochter nervte meine Mutter stets damit, den rohen Klopsteig kosten zu wollen. Sie wurde zum wichtigsten Klopstester meiner Mutter. Die Testfrage betraf das Salz: War genug darin oder zuwenig? Sie erinnert sich heute noch an den Geschmack des Klopsteigs. Sie war elf Jahre alt, als meine Mutter starb.

Meine Tochter und ich kochen die Hühnersuppe meiner Mutter gemeinsam. Wir nehmen ein koscheres Huhn (vielleicht sind die besser, weil sie gesegnet werden), eine Zwiebel, eine Pastinake, zwei Karotten, vier Stangen Sellerie, etwas Petersilie, Salz und Pfeffer und setzen alles in einem großen Topf mit Wasser auf. Manchmal kochen wir das Rezept doppelt. Und dann stehen wir beide da, das Haar zurückgekämmt, mit losen Haarsträhnen, die sich im heißen Dampf zu Locken drehen. Wenn es Winter ist, beschlagen die Fensterscheiben. Wir stehen über den beiden Töpfen, in denen die Hühnersuppe kocht, und denken an meine Mutter. Es ist ein starkes und unausgesprochenes Ritual.

Wenn wir eines der Gerichte meiner Mutter kochen, kommt es gelegentlich vor, daß meine Tochter die Art, wie ich etwas schneide, korrigiert. »So hat Nana das nie gemacht«, sagt sie dann. Und ich frage mich, weshalb sie das weiß.

Sie hat schon als kleines Mädchen gekocht. An den Wochenenden bereitete sie das Frühstück für ihren Bruder und ihre Schwester. Toast und geröstete Tomaten, Fruchtsalat und selbstgemachtes Müsli für fünfzig Cents. Ihr Bruder und ihre Schwester aßen das Frühstück, aber sie zahlten nie dafür.

Meine jüngere Tochter hatte eine Anschlagtafel, auf der sie genau Buch führte über die Schulden, die ihre Geschwister bei ihr hatten. Als sie zwölf war, erkannte sie schließlich, daß sie ihr Geld nie bekommen würde. Sie entfernte alle Notizen von der Tafel. Sie warf sie weg und schrieb das Ganze als Verlust ab. »Man muß Vorauskasse machen«, sagte sie zu mir.

Ich wurde daheim nicht zum Kochen angehalten. Ich sollte wichtigere Dinge tun, wie Schulaufgaben erledigen und Klavier spielen. Also mußte ich jede gebotene Gelegenheit nutzen, um zu kochen. Und die ergab sich, wenn meine Eltern nicht zu Hause waren.

Ich stellte die seltsamsten Zutaten zusammen – lauter Dinge, von denen ich hoffte, daß meine Mutter sie nicht vermissen würde. Eine alte Tube Mandelpaste, ein paar Löffel Marmelade, eine halbe Tasse Honig, die Krümel aus der Mazzepackung, Pflaumensaft, Schokoladestücke und soviel Butter, wie ich sauber auf allen vier Seiten von einem großen Stück Butter herunterschneiden konnte.

Das hört sich wie eine vielversprechende Mischung an. Potentiell kompatible Zutaten. Aber meine Kochkenntnisse waren zu lückenhaft. Die meisten meiner Rezepte gingen daneben. Meine Kuchen gingen nicht auf, und meine Toffees wurden nicht fest. Ich ließ mich nicht entmutigen. Ich versuchte es immer aufs neue. Jedesmal, wenn meine Eltern ausgingen, eilte ich in die Küche.

Doch ich hatte einfach kein Talent zum Kuchenbacken. Meine Kuchen waren jämmerliche Gebilde. Runde, gummiartige Dinger mit einer Wölbung in der Mitte; oder das Gegenteil, ein labbriger Kreis mit einer zähen Mitte von undefinierbarer Farbe.

Ich habe nie gelernt, Kuchen zu backen. Der einzige Kuchen, der mir gut gelang, ist ein Käsekuchen, und ich habe schon vor Jahren damit aufgehört, Käsekuchen zu backen. Ich war davon besessen, den fertigen Kuchen aus dem Rohr zu ziehen, ohne daß die Oberfläche einriß. Das ist gar nicht so einfach. Manchmal hatte ich den perfekten Käsekuchen schon vorsichtig herausgeholt, um dann doch noch einen feinen Riß zu entdecken, wenn ich ihn hinstellte. Also mußte ich einen neuen Kuchen backen. Das führte zu einem Überschuß an Käsekuchen, ein Problem, das ich bewältigte, indem ich das meiste vom Ausschuß allein aufaß.

Wenn ich auch eindeutig kein Talent zum Kuchenbacken hatte, entwickelte ich auf einem anderen Gebiet große Fähigkeiten. Schon im Alter von zehn Jahren war ich eine Expertin bei der Toffeezubereitung. Jahre bevor es modern wurde, fügte ich meinen Toffees getrocknete Feigen und Aprikosen, Sesam und Kürbiskerne zu. Die meisten Kinder in Carlton hatten noch nie einen Kürbiskern oder eine Feige gegessen, aber bei den Wohltätigkeitsbasaren unserer Schule wurde mein Toffee zu einem heißbegehrten Artikel.

Meine Eltern haben mich nie kochen sehen. Ich konnte hundert Stück Toffee, in Förmchen abgekühlt und in Dosen verpackt, fertig haben, bevor sie aus dem Kino zurück waren.

Manchmal geriet ich in eine Notlage. Meine Eltern kamen früher als erwartet zurück. Das geschah vier- oder fünfmal, und ich war gerade dabei, einen Kuchen zu backen. Ich hatte nicht viel Zeit. Wir wohnten in einem winzigen Häuschen mit drei Zimmern. Vom Gartentor bis zur Küche brauchte man kaum eine halbe Minute.

Ich riß den halbgaren Kuchen aus dem Backrohr. Glücklicherweise war ich geistesgegenwärtig genug, die Kuchenform mit Geschirrtüchern anzufassen. Ich rannte zur Hintertür hinaus, stellte mich auf die Treppe und warf den Kuchen über den Zaun in den Hof der Nachbarin. Ich versuchte, einen Baum zu treffen, aber zweimal landete die Mixtur auf Mrs. Dents Hintertreppe. Einmal flog auch die Kuchenform mit. Mrs. Dent hat weder meiner Mutter noch mir gegenüber jemals ein Wort darüber verloren. Aber sie bot mir an, mir zu zeigen, wie man eine Biskuitrolle backt.

Ich weiß nicht, was meine Eltern getan hätten, wenn sie mich beim Kochen erwischt hätten. Sie wären nicht erfreut gewesen, das weiß ich. Meine Mutter hätte sich Sorgen gemacht. Überall lauerten Gefahren: Das Gas war gefährlich, die Hitze, die Nahrungsmittel. Ich glaube, meine Mutter war der Ansicht, je weniger ich mit Essen zu tun hätte, desto besser wäre es für mich.

Ein weiterer seltsamer Aspekt bei alldem war der, daß weder meine Mutter noch mein Vater jemals einen Kommentar zu den unverkennbaren Düften abgaben, die das Haus nach meinen Ausflügen in die Welt kulinarischer Kreativität durchzogen. [...]

Ich finde, daß es einem selbst Kraft gibt, andere mit Essen zu versorgen. Eine der schönsten Erinnerungen an die Zeit, als meine Kinder noch klein waren, ist die, wenn sie, eins nach dem anderen, aus der Schule nach Hause kamen. Die erste Frage, sobald sie im Haus waren, lautete stets: »Was gibt's zu essen?«

Als die Kinder heranwuchsen, aßen unsere Freunde samt ihren Freunden häufig bei uns. Meine Kinder zogen ihre Freunde in die Küche, damit die sich die Größe meiner Töpfe ansahen. »Sie macht immer so viel«, hörte ich meinen Sohn eines Tages lässig zu einem seiner Freunde sagen. Sie betrachteten dabei zwei Töpfe, gefüllt mit je etwa hundert Portionen Spaghettisauce.

Die Freude am Kochen erinnert mich oft an die Freude, die ich beim Schreiben empfinde. Beides gibt eine ähnliche Befriedigung und ein Gefühl der Ruhe, die dabei entsteht, wenn man die unterschiedlichen Zutaten auswählt und miteinander mischt. Man muß einen klaren Kopf haben und einen Überblick darüber, wohin man will, wenn man ein Gericht zubereitet. Und man muß vorbereitet sein. Bei einem Roman ist das genauso.

Wenn in der Küche alles funktioniert, dann gibt es da eine Musikalität und einen Rhythmus, die mich an gutes Schreiben erinnern. All die grundverschiedenen Elemente fügen sich ineinander, über-, unter- und nebeneinander und lassen etwas Neues entstehen.

Kochen hat etwas Verführerisches. Meine jüngere Tochter hat immer gezögert, bevor sie eine Einladung zum Essen bei ihren Schulfreunden annahm. Sie hat zuerst zu Hause angerufen und gefragt, ob es nicht gerade an dem Tag eine ihrer Lieblingsspeisen gab. Und ich weiß, daß ich Freunde habe, die über einige meiner schlechteren Eigenschaften hinwegsehen, weil ihnen mein Essen so gut schmeckt.

Große Mengen zu kochen heißt, daß man große Mengen einkaufen muß. Mit meiner Mutter in den Supermarkt zu gehen war ein erschöpfendes Unterfangen. Sie legte ein Pfund Butter in den Einkaufswagen, ging zwei Schritte weiter, dann ging sie wieder zurück und holte ein zweites und schließlich noch ein drittes. Die Entscheidungen, wieviel von allem genug sein würde, waren anstrengend. Ich bin genauso. Meinen Mann macht das wahnsinnig. Ich muß die zusätzlichen Waschmittelpakete oder Toilettenpapierrollen in den Einkaufswagen schmuggeln, wenn wir gemeinsam einkaufen. Er möchte wissen, warum wir zehn Pfund Reis und vier Gläser Weizenkeime brauchen. Es fällt mir schwer, darauf eine Antwort zu geben.

Im Sommer kaufe ich große Pflaumen und Mangos und Aprikosen und Birnen in Chinatown. Das Obst ist sehr preiswert und immer frisch. Die Käufer, meistens chinesische Frauen, sind sehr wählerisch. Sie prüfen jede Pflaume, jede Stange Lauch oder jedes Stück Papaya. Ich bekomme fünfzehn Pflaumen für einen Dollar oder sechs große Mangos für fünf Dollar. Chinatown ist der herrlichste Ort, um Obst, Gemüse und

Fisch zu kaufen. Alle Warenschilder sind chinesisch beschrif-
tet. Ich deute auf das, was ich gerne hätte. Bei Obst und Gemüse geht das gut, allerdings bin ich oft mit einem Fisch abgezogen, den ich nicht kannte. Aber er schmeckte immer sehr
gut.

Das Obst und Gemüse, das ich in Chinatown kaufe, wird sauer eingelegt oder eingekocht. Ich mache Chutneys, Relishes
und Essiggurken, Marmeladen und Gelees. Im Sommer ver-
bringe ich mehrere Abende pro Woche damit, siedende Kessel
mit Rhabarber und Zwiebeln und Rosinen zu rühren, oder
mit Birnen und Ingwer, oder mit Tomaten und Chilies.

Ich stehe über den Töpfen und rühre, die Haare zurückgebun-
den, die Ärmel aufgerollt. Manchmal bin ich fast so naß wie
die Chutneys und Relishes, die ich koche. Jeder Topf, in dem
ich umrühre, bedeutet zwei oder drei Stunden schneiden und
hacken. Ich probiere die Chutneys und Relishes, ob sie weich
genug und dickflüssig sind. Ich renne mit kalten Tellern zwischen Kühlschrank und Herd hin und her, wenn ich die Ge-
lierprobe für Marmeladen und Gelees mache.

Wenn alles bereit ist, hole ich die sterilisierten Einmachgläser
aus dem Ofen. Ich fülle sie und wische sie mit einem heißen
Tuch ab. Dann klebe ich die Etiketten auf. Wenn ich alles auf-
geräumt habe, bin ich völlig erschöpft. Jedes Jahr beschließe
ich, damit aufzuhören. Ich denke an meine Rückenschmer-
zen von der gebeugten Haltung beim Hacken und Schneiden,
daß es Tage braucht, bis ich die Pflaumensaftflecken unter
meinen Fingernägeln wegbringe und den Geruch nach Obst
und Essig aus unseren Wänden. Und dann denke ich an die
Einmachgläser. Die vielen vollen Regale, und alles hält jahrelang. Und wenn wir etwas brauchen, ist es da.

Ich weiß, daß ich nicht noch mehr einzukochen brauchte. Wir
haben noch Dutzende voller Einmachgläser in einem dunk-

len, kühlen Schrank im Wohnzimmer. Aber ich habe ein Bedürfnis danach, das mir unerklärbar ist. Wenn ich Gemüse und Obst sauer einlege oder einkoche, dann bin ich mit der Vergangenheit vereint. Mit einer anderen Zeit und einem anderen Leben; einem Leben, das mir bestimmt war, bevor Hitler intervenierte. Ich bin in Lodz. Ich bin mit meiner Mutter vereint. Ich bin nicht bloß ihr australisches Kind. Ich bin mit einer Stadt und einer Zeit vereint, die niemals mein waren.

Früher habe ich oft von Lodz geträumt. Ich träumte von den Straßenbahnschienen und den dunklen Häusern, bevor ich sie je sah. Wenn ich das Weißkraut salze und die roten Rüben schneide, dann bin ich in Lodz. Bei der Mutter meines Vaters, meiner Großmutter (zwei Worte, die ich nur selten zusammengesetzt habe), die jedes Jahr ihr gehobeltes, eingelegtes Weißkraut in den Keller brachte, um im Winter Sauerkraut zu haben.

In manchen Jahren ist es mir gelungen, es bis zur letzten Minute auszuhalten. Dann aber wurde ich von einer fast verzweifelten Hektik gepackt, rannte, um die Zutaten zu besorgen, holte die Einkochkessel hervor, die Schöpfkellen, die Einmachgläser, die Deckel und die Etiketten. Und bevor ich es richtig bemerkt habe, stehe ich wieder vor den dampfenden Bottichen und bin glücklich.

Robert Walser

Das Lachen

Ich habe ein himmlisches Lachen gehört, ein Kinderlachen, ein wunderbares Gelächter, ein ganz feines, silberreines. Ein göttliches Kichern war's. Ich kam gestern, Sonntag, gegen sieben Uhr heim, da hörte ich's, und ich muß hier unbedingt Bericht davon erstatten. Wie arm in ihrem Ernst und mit ihren trocken-ernsthaften Mienen sind die Erwachsenen, die Großen. Wie reich, wie groß, wie glücklich sind die Kleinen, die Kinder. Ein so volles, reiches, süßes Glück lag im Lachen der zwei Kinder, die neben einer Erwachsenen einhergingen, eine so überschwengliche, reizende Freude. Sie waren ganz Seligkeit, indem sie sich dem Lachen hingaben. Ich lief absichtlich langsam, damit ich sie recht lange lachen hören könne. Ein Genuß war's für sie, sie genossen die ganze Köstlichkeit, die in einem Lachen liegen kann. Sie konnten gar nicht aufhören mit Lachen, und ich sah, wie es sie schüttelte. Sie krümmten sich förmlich darunter. O, so rein war's, so ganz nur kindlich! Worüber sie vielleicht am unbändigsten und am lieblichsten lachten, war die strenge Miene, die das erwachsene Fräulein neben ihnen zu ziehen für nötig erachtete. Des großen Mädchens Ernst gab ihnen am meisten zu lachen. Doch endlich, von so viel liebreizender Lustigkeit hingerissen, lachte auch die Gemessene, die Ernste und die Große. Sie war besiegt von den Kindern und lachte nun wie ein Kind mit den Siegerinnen, den Kleinen. Wie sind über die Grämlichen die Glücklichen Sieger! Die zwei Kinder lachten in ihrer Unschuld über alles, über Heutiges und Gestriges, über dieses und jenes, über sich selber. Sie mußten über ihr eigenes Lachen lachen. Ihr Lachen kam ihnen immer lächerlicher, lustiger vor. Ganz deutlich fühlte und hörte ich's. Ich pries mich glücklich, daß ich das Glöckchenkonzert, das Lachkonzert anhören durfte. Die ganze Straße entlang lachten sie. Sie wollten fast umfallen, sich fast auflösen und zergehen vor Lachen. Alles an ihnen, den lieben glücklichen Kindern, lachte mit, die Köpfe, die Glieder, die Hände, Füße und Beine. Sie bestanden ganz nur noch aus Lachen. Wie schimmerte und glitzerte die Lachlust in ihren Augen! Ich glaube fast, sie mußten so gräßlich, so grausam, so anhaltend lachen über einen dummen, kleinen Jungen. So schelmisch und wieder so schön war's, so rührend und so ausgelassen. Wahrscheinlich war der Lachanlaß nur ganz geringfügig gewesen. Kinder sind eben Künstler im Erfassen eines Grundes, recht selig zu sein. Ein kleiner, leiser Vorfall mag es gewesen sein, und da machten sie eine große Geschichte daraus, hingen solch ein langes, großes, breites, üppiges Lachen daran. Kinder wissen, was sie glücklich macht.

Marcel Proust
Madeleine

Viele Jahre lang hatte von Combray außer dem, was der Schau-
platz und das Drama meines Zubettgehens war, nichts mehr
für mich existiert, als meine Mutter an einem Wintertag, an
dem ich durchfroren nach Hause kam, mir vorschlug, ich solle entgegen meiner Gewohnheit eine Tasse Tee zu mir nehmen. Ich lehnte erst ab, besann mich dann aber, ich weiß nicht
warum, eines anderen. Sie ließ daraufhin eines jener dickli-
chen, ovalen Sandtörtchen holen, die man »Petites Madelei-
nes« nennt und die aussehen, als habe man als Form dafür
die gefächerte Schale einer Jakobsmuschel benutzt. Gleich
darauf führte ich, ohne mir etwas dabei zu denken, doch be-
drückt über den trüben Tag und die Aussicht auf ein trauriges
Morgen, einen Löffel Tee mit einem aufgeweichten kleinen
Stück Madeleine darin an die Lippen. In der Sekunde nun,
da dieser mit den Gebäckkrümeln gemischte Schluck Tee meinen Gaumen berührte, zuckte ich zusammen und war wie gebannt durch etwas Ungewöhnliches, das sich in mir vollzog.
Ein unerhörtes Glücksgefühl, das ganz für sich allein bestand
und dessen Grund mir unbekannt blieb, hatte mich durch-
strömt. Es hatte mir mit einem Schlag, wie die Liebe, die Wech-
selfälle des Lebens gleichgültig werden lassen, seine Katastro-
phen ungefährlich, seine Kürze imaginär, und es erfüllte mich
mit einer köstlichen Essenz; oder vielmehr: diese Essenz war
nicht in mir, ich war sie selbst. Ich hatte aufgehört, mich mit-
telmäßig, zufallsbedingt, sterblich zu fühlen. Woher strömte
diese mächtige Freude mir zu? Ich fühlte, daß sie mit dem Geschmack des Tees und des Kuchens in Verbindung stand, daß
sie aber weit darüber hinausging und von ganz anderer We-

sensart sein mußte. Woher kam sie mir? Was bedeutete sie? Wo konnte ich sie fassen? Ich trinke einen zweiten Schluck und finde nichts anderes darin als im ersten, dann einen dritten, der mir etwas weniger davon schenkt als der vorige. Ich muß aufhören, denn die geheime Kraft des Trankes scheint nachzulassen. Es ist ganz offenbar, daß die Wahrheit, die ich suche, nicht in ihm ist, sondern in mir. Er hat sie dort geweckt, kennt sie aber nicht und kann nur auf unbestimmte Zeit und mit ständig schwindender Stärke seine Aussage wiederholen, die ich gleichwohl nicht zu deuten weiß und die ich wenigstens wieder von neuem aus ihm herausfragen und unverfälscht etwas später zu meiner Verfügung haben möchte, um eine entscheidende Erleuchtung daraus zu schöpfen. Ich stelle die Tasse ab und wende mich meinem Geist zu. Er muß die Wahrheit finden. Doch wie? Eine schwere Ungewißheit tritt ein, so oft der Geist sich von sich selbst überfordert fühlt, wenn er, der Forscher, zugleich das dunkle Land ist, das er erforschen muß und wo sein ganzes Gepäck ihm nichts nützt. Erforschen? Nicht nur das: erschaffen. Er steht vor einem Etwas, das noch nicht ist, das nur er wirklich werden lassen und dann in sein eigenes Licht rücken kann.

Und wieder beginne ich, mich zu fragen, was das für ein unbekannter Zustand sein mochte, der keinen logischen Beweis, wohl aber die Evidenz seines Glücks mit sich führte, seiner Wirklichkeit, der gegenüber alle anderen verblaßten. Ich will versuchen, ihn von neuem herbeizuführen. Ich durchlaufe rückwärts im Geiste den Weg bis zu dem Moment, wo ich den ersten Löffel voll Tee an den Mund geführt habe. Ich finde den gleichen Zustand wieder, doch von keinem neuen Licht erhellt. Ich verlange meinem Geist eine weitere Anstrengung ab, nämlich die entschwindende Empfindung noch einmal heraufzubeschwören. Und damit sein Schwung sich an keinem Hindernis brechen kann, räume ich alles hinweg, jeden fremden Gedanken, ich schirme mein Gehör und meine Aufmerksamkeit gegen alle Geräusche des Nebenzimmers ab. Dann aber, da ich fühle, wie mein Geist sich erfolglos abmattet, zwinge ich ihn umgekehrt zu jener Zerstreuung, die ich ihm vorenthalten wollte, lasse ihn an anderes denken und sich gleichsam erholen, bevor er einen letzten Versuch unternimmt. Dann schaffe ich ein zweites Mal völlige Leere um ihn, ich stelle ihm den noch ganz frischen Geschmack jenes ersten Schlucks gegenüber und spüre, wie etwas in mir sich zitternd regt und verschiebt, wie es sich zu erheben versucht, als ob etwas sich in großer Tiefe vom Ankertau gelöst hätte; ich weiß nicht, was es ist, doch langsam steigt es in mir empor; ich spüre den Widerstand und höre das Raunen der durchmessenen Räume.

Sicherlich muß das, was auf dem Grund meines Ich in Bewegung geraten ist, das Bild, die visuelle Erinnerung sein, die zu diesem Geschmack gehört und die nun versucht, mit jenem bis zu mir zu gelangen. Doch sie müht sich in zu großer Ferne und nur allzu schwach erkennbar ab; kaum nehme ich einen gestaltlosen Lichtschein wahr, in dem sich der ungreifbare Wirbel der Farben vermischt und verliert; ich kann aber die Form nicht unterscheiden, nicht von ihr als dem einzig möglichen Dolmetscher erbitten, daß sie mir die Aussage ihres Begleiters, ihres unzertrennlichen Gefährten, des Geschmacks, übersetzt, sie nicht fragen, um welche Begebenheit, um welche Epoche der Vergangenheit es sich handelt.

Wird sie bis an die Oberfläche meines klaren Bewußtseins gelangen, diese Erinnerung, jener Augenblick von einst, der nun plötzlich durch die Anziehungskraft eines identischen Augenblicks von so weit her in meinem Innersten erregt, bewegt und emporgehoben wird? Ich weiß es nicht. Jetzt fühle ich nichts mehr, er ist zum Stillstand gekommen, vielleicht in die Tiefe geglitten; wer weiß, ob er je wieder aus seinem Dunkel emporsteigen wird? Zehnmal muß ich es wieder versuchen, mich zu ihm hinunterbeugen. Und jedesmal rät mir die Trägheit, die uns von jeder schwierigen Aufgabe, von jeder bedeutenden Leistung fernhalten will, das Ganze auf sich beruhen zu lassen, meinen Tee zu trinken im ausschließlichen Gedanken an meine Kümmernisse von heute und meine Wünsche für morgen, die ich unaufhörlich und mühelos in mir bewegen kann.

Und mit einem Mal war die Erinnerung da. Der Geschmack war der jenes kleinen Stücks einer Madeleine, das mir am Sonntagmorgen in Combray (weil ich an diesem Tag vor dem Hochamt nicht aus dem Hause ging), sobald ich ihr in ihrem Zimmer guten Morgen sagte, meine Tante Léonie anbot, nachdem sie es in ihren schwarzen oder Lindenblütentee getaucht hatte. Der Anblick jener Madeleine hatte mir nichts gesagt, bevor ich davon gekostet hatte; vielleicht kam das daher, daß ich dieses Gebäck, ohne davon zu essen, oft in den Auslagen der Bäcker gesehen hatte und daß dadurch sein Bild sich von jenen Tagen in Combray losgelöst und mit anderen, späteren verbunden hatte; vielleicht auch daher, daß von jenen so lange aus dem Gedächtnis entschwundenen Erinnerungen nichts mehr da war, alles sich in nichts aufgelöst hatte; die Formen – darunter auch die dieser kleinen Muschel aus Kuchenteig, die so füllig und sinnlich wirkt unter ihrem strengen, frommen Faltenkleid – waren vergangen, oder sie hatten, in tiefen Schlummer versenkt, jenen Auftrieb verloren, durch den sie ins Bewußtsein hätten emporsteigen können. Doch wenn von einer weit zurückliegenden Vergangenheit nichts mehr existiert, nach dem Tod der Menschen und dem Untergang der Dinge, dann verharren als einzige, zarter, aber dauerhafter, substanzloser, beständiger und treuer der Geruch und der Geschmack, um sich wie Seelen noch lange zu erinnern, um zu warten, zu hoffen, um über den Trümmern alles übrigen auf ihrem beinahe unfaßbaren Tröpfchen, ohne nachzugeben, das unermeßliche Gebäude der Erinnerung zu tragen.

Wilhelm Schmid
Malerei

Mitten im Winter unter sommerlicher Sonne im Garten zu lustwandeln: Diese Möglichkeit eröffnet uns die Malerei. Es könnte die von Max Liebermann sein, der seinen Garten am Berliner Wannsee vorzugsweise sommerlich porträtierte. Ungleich bekannter aber sind Claude Monets Gemälde, die seinen Garten in Giverny zeigen, dessen Pracht auch im Winter in voller Blüte steht, jedenfalls für die Dauer dieser Ausstellung im *Kunsthaus Zürich* zum Jahreswechsel 2004/05.

Die Bilder wecken Erinnerungen an unvergessliche eigene Besuche in diesem Traum von einem Garten. Vor unseren Augen blüht der Sommer wieder auf. Von der *Gare St. Lazare* in Paris geht der Zug Richtung Rouen, in Vernon steigen wir aus und nehmen für die letzten paar Kilometer ein Taxi. Bald schon nach der Überquerung der Seine kommen die hohen Mauern in den Blick, die die Idylle schützen. Ärgern wir uns nicht über die lärmende Straße, die mitten hindurchführt und von der die Bilder nichts erzählen: Monet erwarb das Grundstück jenseits der Straße erst nachträglich, um dort seinen Teich anzulegen, »eine Sache der Zerstreuung, und zum Vergnügen der Augen«, wie er sagte, »und ein Ziel für Motive zum Malen«.

Die Seerosenbilder entstanden hier. Wir sitzen auf den Steinstufen am Ufer des Gewässers, das weltberühmt geworden ist. Im Wind schwanken die langen Arme der Trauerweiden und streichen sanft über das Wasser. Die Nase wittert feine Düfte. Mannshohe Blütenpracht säumt die Wege. Der Maler selbst hat einst zum Spaten gegriffen und ein Kunstwerk mit anderen Mitteln geschaffen: Der Garten ist sein Gemälde. Ist das ein Beispiel für die mögliche Symbiose von Mensch und Natur? Für den Traum von einer Welt, in der immer alles nur wächst und gedeiht?

Die Impressionisten liebten das *Sujet* des Gartens. Die lichte, *apollinische* Seite der Existenz sahen sie darin. Sie pflegten damit, sehr bewusst, eine Illusion. Denn zum Garten gehören noch andere Seiten: Der Sturm, der darüber hinwegfegt, der Wolkenbruch, der Hagelschlag – nichts davon ist bei Monet oder Liebermann zu sehen. Für die Darstellung der dunklen, *dionysischen* Seite der Existenz – vor allem des Menschen selbst – fühlten sich andere zuständig, namentlich die Expressionisten. Und wir? Wir genießen den Garten, aber im Bewusstsein, dass auch seine Schattenseiten Bestandteil des Lebens sind. Menschen können im Garten wohnen. Aber es wird immer ein Garten am Rande des Abgrunds sein.

Eva Demski

Gang durch die Markthalle

Manchmal sieht man die falschen Menschen in der Kleinmarkthalle. Sie wirken unkundig, mürrisch, sie verlangen Äpfel oder Tomaten, ohne der Gattung das Spezifische hinzuzufügen: den Namen. Zurück von der Gattung zum Individuum. Was denn gekocht werden solle, erkundigt sich die Gemüsefürstin, denn die gut eingeführte Kundin hat überreife Kirschtomaten verlangt, unbedingt die kanarischen.

So macht man das hier. Das kann aber nicht jeder. Die falschen Menschen drücken sich an den nahrhaften Aufbauten vorbei, an Salatkathedralen, Käsedomen und Nudelparks, vielleicht haben sie ja einfach Hunger. Man muß sich nicht um sie sorgen, »ein Viertel heiße Fleischwurst« kann jeder bestellen, ganz ohne Philosophie. Nur wegen Hunger sollte man aber nicht hierherkommen. Es geht um Dekadenz, wobei die hier niemand so nennt. Und um Erbarmen. Erbarmen mit den armen, gleichgemachten Gewächsen und Getieren, die wir verschlingen jahraus, jahrein. Hier wird der Gurke die Würde zurückgegeben, dem Huhn und dem Pilz auch. Huhn, Pilz und Gurke werden erwählt, sind endlich wieder bei sich angekommen.

»Lasse Se misch in Ruh mit dere Vooochelgripp!«, und die Sprecherin, etwa siebzig, füllig und in lebhaftes Rot gekleidet, sucht ein Brathuhn aus. »Net des! Des dahinne!«

Der Krümmungsgrad der Gurke wird erörtert, nicht irgendeiner, sondern genau dieser Gurke, ebenso die Bräunlichkeit des Champignonhuts sowie dessen Aufnahmefähigkeit für eine Kräuterfarce.

In der Kleinmarkthalle darf sich unser Essen endlich wieder

ernst genommen fühlen. Es steht im Mittelpunkt, man ordnet sich ihm unter, und auch die Ästhetik liegt allein bei ihm. Die Halle ist nämlich nicht schön, eigentlich ist sie gar nicht sichtbar hinter, unter und über dem, was sie anbietet. Das gibt ihr etwas Orientalisches, der deutschen Liebe zum Aseptischen Widersprechendes, weswegen man sich hier aussuchen darf, wie man sich fühlt: luxuriös oder bodenständig.

Früher war das Einkaufen Sache der Dienstboten, und keiner Dame wäre in den Sinn gekommen, öffentlich an Käse zu riechen oder in Avocados zu kneifen. Vielleicht verirrt sich gelegentlich noch eine Minna oder Frieda hierher, aber in der Mehrzahl dürfen nun die Damen und Herren des Hauses nach gutem Essen fühlen, schnüffeln und tasten. Es geht demokratisch zu, was nicht heißt, daß der ungerührte Blick beim Bezahlen allen gegeben ist. Man kann hier ohne Mühe, mit leichter Hand, an einem Nachmittag ein Beamtensalär loswerden, wenn man die richtigen Weine auswählt und bei den Vorspeisen nicht knausert. Ein Häppchen Dekadenz hin und wieder tut gut, das sollte man sich auch was kosten lassen. Die Einzigartigkeit der Wurst, die Knirschigkeit des Spargels, die Würzung des Pestos: Glück im Alltag und das Bewußtsein, sich hin und wieder was wert zu sein, und jenen inneren Stimmen mal den Mund zuhalten zu dürfen, die einem die eigene Nichtigkeit und das Elend der Welt zuflüstern.

Dekadenz ist, was gleichzeitig Spaß und ein schlechtes Gewissen macht. Darf auch verrückt sein, wie eine Schale Walderdbeeren zu zwölf Euro. Eine Schale von der Größe eines Moccatäßchens, aber der Duft! Manchmal muß sowas sein. Arm sind jene dran, die derlei Sünden alltäglich begehen. Sie haben nichts davon. Das ist der Unterschied zwischen Dekadenz und Protz.

Gut beraten sind jene Kleinmarkthallenkunden, die die Überlegenheit des Händlers anerkennen. Was dieser über sein Produkt nicht weiß, ist nicht wert, gewußt zu werden. Besserwisserei der Käufer fällt sehr unangenehm auf und wird nicht selten mit subtiler Frechheit beantwortet.

Kann ich die Cantaloup heute abend essen? sagt die Dame und deutet auf eine Melone, die ganz eindeutig keine Cantaloup ist.

Könne mir umtaufe! sagt der pfiffige marokkanische Verkäufer und grinst.

Am demütigsten wird die Käuferin in der Samen-Zwiebel-und-Pflanzen-Abteilung am vorderen Eingang. Mit milder Verachtung schauen die erfahrenen Verkäuferinnen auf den Samentütchenkaufrausch.

Wie groß is dann Ihne Ihr Gadde? Beschämt räumt man dann manches wieder aus dem Korb, bei den Zwiebeln hat man vor lauter Begeisterung über die verheißene Pracht auf dem Bildchen nicht nach dem Preis geguckt und zuckt an der Kasse zusammen.

Die Halle durchmessend in gebotener Langsamkeit wächst immer von neuem (denn man vergißt ihn zwischendurch in den allfälligen Supermärkten) der liebevolle Respekt vor dem Essen. Deswegen soll sie bleiben, wie sie ist, denn so ein Ort ist sonst nirgends.

Robert Walser

Musik

Musik ist mir das Süßeste auf der Welt. Ich liebe Töne unaussprechlich. Ich kann, um einen Ton zu hören, tausend Schritte springen. Oft, wenn ich im Sommer durch die heißen Straßen gehe und aus einem unbekannten Hause ein Klavier tönt, stehe ich still und meine, an dieser Stelle sterben zu sollen. Ich möchte im Anhören eines Musikstückes sterben. Ich stelle mir das so leicht vor, so natürlich, und doch ist es natürlich wieder unmöglich. Töne sind zu zarte Dolchstiche. Die Wunden von solchen Stichen brennen wohl, aber es ist kein Eiter in ihnen. Wehmut und Schmerz träufeln statt des Blutes hervor. Wie die Töne aufhören, ist alles wieder ruhig in mir. Ich gehe dann an meine Schulaufgaben, zum Essen, zum Spiel und vergesse es. Klavier gibt mir den zauberischesten Ton. Mag auch eine Stümperhand spielen. Ich höre nicht das Spiel, nur den Ton. Ich kann nie ein Musiker werden. Denn ich würde es nie süß und trunken genug finden, Musik zu machen. Musik anhören ist viel heiliger. Musik stimmt mich immer traurig, aber so wie ein trauriges Lächeln ist. Ich möchte sagen: freundlich-traurig. Die lustigste Musik vermag ich nicht lustig zu finden und die schwermütigste Musik ist für mich keineswegs besonders schwermütig und entmutigend. Vor der Musik habe ich nur immer die eine Empfindung: mir fehlt etwas. Nie werde ich den Grund dieser sanften Traurigkeit erfahren, nie darnach forschen wollen. Ich wünsche es nicht zu wissen. Ich wünsche nicht alles zu wissen. Ich besitze überhaupt, so sehr ich mir intelligent vorkomme, wenig Wissensdrang. Ich glaube deshalb, weil ich von Natur das Gegenteil von neugierig bin. Ich lasse gern vieles um mich geschehen, ohne mich zu bekümmern, wie es geschieht. Das ist gewiß tadelnswert und wenig geeignet, mir im Leben zu einer Laufbahn zu helfen. Mag sein. Ich fürchte mich nicht vor dem Tode, also auch nicht vor dem Leben. Ich merke, ich gerate ins Philosophieren. Musik ist die gedankenloseste und deshalb süßeste Kunst. Rein verständige Menschen werden sie nie schätzen, aber sie wird gerade ihnen in Augenblicken, wo sie sie hören, am innigsten wohltun. Man darf eine Kunst nicht begreifen und nicht schätzen wollen. Kunst will sich uns anschmiegen. Sie ist ein so überaus reines und selbstzufriedenes Wesen, daß es sie kränkt, wenn man sich um sie bemüht. Sie straft den, der ihr, indem er sie fassen will, entgegenkommt. Künstler erfahren das. Sie sind es, die ihren Beruf darin sehen, sich mit ihr zu befassen, die durchaus nicht angefaßt werden will. Deshalb möchte ich nie Musiker werden. Ich fürchte mich vor der Strafe eines so holden Wesens. Man darf eine Kunst lieben, aber man muß sich hüten, es sich zu gestehen. Man liebt am innigsten, wenn man nicht weiß, daß man liebt. – Mich schmerzt die Musik. Ich weiß nicht, ob ich sie wirklich liebe. Sie trifft mich, wo sie mich eben antrifft. Ich suche sie nicht. Ich lasse mich von ihr schmeicheln. Aber dieses Schmeicheln verwundet. Wie soll ich es sagen? Musik ist ein Weinen in Melodien, ein Erinnern in Tönen, ein Gemälde in Klängen. Ich kann es schlecht sagen. Die Worte über die Kunst da oben muß man nur nicht ernst nehmen. Sie treffen so gewiß nicht zu, als mich heute noch kein Ton getroffen hat. Mir fehlt etwas, wenn ich keine Musik höre, und wenn ich Musik höre, fehlt mir erst recht etwas. Dies ist das Beste, was ich über Musik zu sagen weiß.

Hanns-Josef Ortheil
Die Schönheit der Nacht

Kurz nach Mitternacht besteigst Du an der *Giudecca*-Station
Santa Eufemia einen Vaporetto und fährst zurück nach *San
Marco*. Die *Zattere* sind nur noch ein dunkles, im Fahrtwind
flatterndes Band, und das Wasser erscheint jetzt ebenfalls tin-
tenschwarz und bewegt, als kreise und rumorte es in der Tiefe, wohin die schönen Paläste und Kirchen abgetaucht sind.

Du steigst aus und erreichst bald den Markusplatz, er breitet
sich wie leer gefegt vor Dir aus, nur hier und da stehen noch
einige nächtliche Schwärmer, die nicht zu glauben scheinen,
dass er nun für einige Stunden so verlassen und still daliegen
wird. Du lässt sie zurück, Du gehst allem Gemurmel und Reden jetzt aus dem Weg, Du machst Dich auf den Weg durch
die venezianische Nacht.

Jahrhundertelang ist Venedig dafür berühmt gewesen, dass
die Nächte hier nicht enden wollten, erstaunt und begeistert
berichteten noch die Fremden des 18. Jahrhunderts von den
vielen Theatern mit ihren Aufführungen spätnachts, von den
zweihundert Cafés, die niemals geschlossen waren, oder von
den unzähligen *Casini*, in denen sich die Damen und Herren
des hohen Adels erst weit nach Mitternacht trafen, um gemeinsam die Nacht zu verbringen.

Insgesamt sechs Monate dauerte damals allein schon der Kar-
neval, der auch in den kühleren Jahreszeiten die Spaziergänger nach draußen lockte, alle Lokale waren geöffnet, die Stadt
war ein einziges Meer von glimmenden, bunten Laternen,
durchbraust von den Scharen, die von Campo zu Campo fort-
eilten und überall unterhalten wurden von Liedern, Gesän-

gen, Kunststücken und Schauspielen. So kam früher das venezianische Lebensgefühl in der Nacht ganz zu sich selbst, man feierte und unterhielt sich, man streunte durch die Gassen der Stadt und verstand sie als Bühnenkulissen für die eigenen Auftritte.

Das ist längst vorbei, jetzt versinkt Venedig, als wollte man nun das andere Extrem übertreiben, viel früher als andere Städte im Dunkel. Die Nacht hat nichts Festliches mehr, eher hat sie nun etwas Spukhaftes, ein paar Spaziergänger begegnen Dir noch, huschen aber sofort ums nächste Eck, einige schwache Stimmen säuseln im Hintergrund, verebben aber bald, niemand verweilt noch lange draußen, nächtliche Unterhaltungen sind nicht beliebt, es ist, als ginge es nur noch darum, der dämonisch wirkenden nächtlichen Stille möglichst schnell zu entkommen.

Dir aber gefällt dieses nächtliche Gehen und Streunen, denn erst jetzt hast Du die Stadt ganz für Dich. Niemand steht Dir noch im Weg, niemand lenkt Dich ab, die tiefe Nacht ist die Zeit einer einsamen Führung, Venedig führt Dich jetzt selbst, es öffnet seine weiten *Campi* und lässt Dich Platz nehmen auf den Stufen seiner Zisternen, es dreht den großen nächtlichen Sternenhimmel über Dir wie zu einem sehr späten vollkommenen Panorama, es lockt Dich mit seinen letzten süßen Aromen und lässt seine Farben verschwimmen hinter dem immer mehr vorherrschenden Blassgrau der Fassaden.

Die Gondeln und Boote erscheinen jetzt wie erstarrt, das Wasser wirkt flach und gesättigt, Du schleichst über die Brücken und kommst schnell voran, es schlägt drei oder vier, Du horchst, nichts, keine Stimmen mehr, nicht das geringste Geräusch … – und dann ist die pure Schönheit der Nacht plötzlich da, alles ruht in sich selbst, die Häuser und Kanäle rücken zusammen und gruppieren sich in der Stille zu sonst niemals gesehenen, einzigartigen Bildern aus Schwarz-Weiß und goldenem Braun, die Venedig so zeigen, wie es sich selbst in Jahrhunderten zeugenlos, in all seiner Einsamkeit, sah.

Am Ende Deines Gangs kommst Du noch einmal nach *San Marco* zurück. Die Basilika hat sich auf orientalischen Teppichen schlafen gelegt, der *Campanile* starrt zu den Sterngeistern hinauf, nur der große Platz mit der kleineren *Piazzetta* am Arm atmet noch schwach und flüstert verschworen ... – und so nimmst Du seine Einladung an und bittest um den Abschiedstanz dieses langen Tages, langsam drehst Du Dich in der Leere des offenen, von stillen Feuern gekrönten Tanzsaals, die Arkaden zu allen Seiten rücken zusammen und bilden ein dichtes Spalier, dann tanzt Du und drehst Dich auf und davon, eine fremde Musik rauscht, und Du hältst jetzt die Schöne im Arm, die Schöne Deiner ersten venezianischen Nacht vor über dreißig Jahren im Frühling des Jahres 1971, jetzt erkennst Du auch die Musik, es ist der *Sacre du Printemps* von Igor Strawinsky, es ist die Nacht des Tages, an dem man Igor Strawinsky in Venedig begrub ...

Ernst Penzoldt

Nichtstun

Du fragst mich, was ich so den ganzen Tag tue. Nichts. Davon bin ich von früh bis spät vollauf in Anspruch genommen. Es bleibt mir kaum Zeit, etwas anderes zu tun. Ich lebe, das ist alles.

Meine Uhr ist stehengeblieben. Es muß wohl Sand ins Werk gekommen sein. Aber ich brauche sie hier nicht. Ohne Uhr hat man immer Zeit. Denn die Zeit richtet sich nicht nach der Uhr. Manchmal eilt sie, manchmal verweilt sie. Sie ist aus ähnlichem Stoff gemacht wie der Wind. Was ist die Zeit? Ihre Dauer richtet sich nach unserer Liebe.

Bei schönem Wetter bin ich den ganzen Tag am Strand, in den Dünen, im Wasser, im Wind unter Gottes freiem Himmel, bei den Elementen also, aus denen er Dich und mich und die übrigen Menschen geschaffen hat. Denn wenn irgendwo, dann hat er es hier vollbracht. Hier fand er alles, was er dazu bedurfte: Sand und Lehm für die Gestalt, Wind genug für den Atem, die Sprache und die Seele, Feuchte genug für Tränen, Bläue genug für die Augen, Steine für das Herz in der Brust. Die Hügel und die Hänge der Dünen enthalten Formen für Millionen von Geschöpfen. Und das Meer ist voller Gedanken, dunkler und heller, voll Unruhe und unergründlicher Trauer. Ich möchte dabei sein, wenn Du zum erstenmal das Meer siehst. Ich kenne es schon lange. Ehe Du auf der Welt warst, kannte ich es schon. Wo warst Du damals?

Wenn ich allein am Strand bin – ich bin ja nicht allein, denn ich lebe, als wäre ich zu zweit –, dann ist die weite Welt ganz nahe. Es ist alles da. [...]

Gustave Flaubert
Opernbesuch

Die Menge wartete, zwischen Geländern eingeschlossen, vor der Gebäudemauer. An den nächsten Straßenecken stand auf riesigen Plakaten in verschnörkelten Buchstaben: Lucia di Lammermoor ... Lagardy ... Oper ... und so weiter. [...]
In der Vorhalle bekam Emma Herzklopfen. Sie lächelte unwillkürlich vor Eitelkeit, als sie die Menge sah, die rechts durch den anderen Gang hereindrängte, während sie selbst die Treppe zum ersten Rang emporstieg. Es bereitete ihr ein kindliches Vergnügen, die breiten Polstertüren mit dem Finger aufzustoßen; sie atmete in vollen Zügen den Staubgeruch der Gänge ein, und als sie sich in ihrer Loge hingesetzt hatte, straffte sie den Körper mit der Ungeniertheit einer Herzogin.
Der Saal begann sich zu füllen, die Operngläser wurden aus den Etuis genommen, und die Abonnenten, die sich von weitem entdeckten, winkten einander zu. Sie kamen, um sich bei den Künsten von den Sorgen um den Verkauf zu erholen; doch *die Geschäfte* keineswegs außer acht lassend, redeten sie auch hier über Baumwolle, Branntwein und Indigo. Man sah die ausdruckslosen, friedlichen Gesichter von alten Männern, die mit ihrem weißen Haar und weißem Teint an von Bleidämpfen trübe Silbermünzen gemahnten. Die jungen Stutzer stolzierten im Parkett umher, stellten im Westenausschnitt ihre rosaroten oder apfelgrünen Krawatten zur Schau, und Madame Bovary beobachtete von oben bewundernd, wie sie die Handfläche im gelben Handschuh auf Spazierstöcke mit goldenem Knauf stützten.
Unterdessen waren im Orchester die Kerzen angezündet worden, der Kronleuchter wurde von der Decke herabgelassen und

goß mit dem Funkeln seiner Faszetten eine plötzliche Heiterkeit über dem Saal aus. Dann kamen die Musiker einer nach dem anderen herein, und es erhob sich zunächst eine Katzenmusik von schnarrenden Baßgeigen, quietschenden Violinen, tutenden Pistons, piependen Flöten und Flageoletts. Doch dann vernahm man auf der Bühne ein dreimaliges Klopfzeichen; ein Paukenwirbel setzte ein, die Blechinstrumente bliesen Akkorde, und der Vorhang ging über einer Landschaft auf.

Sie stellte einen Scheideweg in einem Walde dar, zur Linken war eine Quelle im Schatten einer Eiche zu sehen. Bauern und Gutsherren, den Plaid über die Schulter geworfen, sangen im Chor ein Jagdlied; dann trat ein Hauptmann auf, der mit zum Himmel gereckten Armen den Engel des Bösen anrief; ein weiterer erschien; dann gingen beide ab, und die Jäger sangen von neuem.

Emma fand sich in ihre Jugendlektüren, mitten in die Welt Walter Scotts zurückversetzt. Ihr war, als hörte sie den Klang der schottischen Dudelsäcke, die einander im nebligen Heideland Antwort gaben. Die Erinnerung an den Roman erleichterte zudem das Verständnis des Textbuchs, sie folgte der Handlung Satz für Satz, während ungreifbare Gedanken in ihr wach wurden und unter dem Ansturm der Musik sich sofort wieder auflösten. Sie überließ sich dem Wiegen der Melodien, und als strichen die Bögen der Violinen über ihre Nerven, fühlte sie ihr ganzes Wesen mitschwingen. Sie hatte nicht Augen genug, um die Kostüme, die Dekorationen, die Personen zu betrachten, die gemalten Bäume, die zitterten, wenn einer vorbeiging, die Samtbarette, die Mäntel, die Degen, all diese Traumgebilde, die sich wie in der Luft einer anderen Welt harmonisch bewegten. Doch da trat eine junge Frau nach vorne und warf einem grüngekleideten Knappen eine Börse zu. Sie blieb allein auf der Bühne zurück, und nun vernahm man eine Flöte, die wie Quellmurmeln oder Vogelgezwitscher klang. Lucia begann mit ernstem Ausdruck ihre Kavatine in G-Dur; sie erging sich in Liebesklagen, sie wünschte sich Flügel. Und gleich ihr hätte Emma aus dem Leben fliehen, in eine Umarmung fliegen wollen. Plötzlich erschien Lagardy als Edgar.

Er war von jener schimmernden Blässe, die den feurigen Südländern etwas von der Majestät der Marmorstatuen verleiht. Seine kraftvolle Gestalt steckte in einem Wams von brauner Farbe; ein kurzer ziselierter Dolch schlug ihm an den linken Oberschenkel; er rollte die Augen schmachtend und zeigte seine weißen Zähne. Es hieß, eine polnische Prinzessin hätte ihn am Strand von Biarritz, wo er Schaluppen ausbesserte, singen hören und sich in ihn verliebt. Sie hätte sich seinetwegen zugrunde gerichtet. Er hätte sie anderer Frauen wegen verlassen, und dieser sentimentale Ruhm hätte seinem künstlerischen Ruf nur genützt. Der gerissene Komödiant achte sogar darauf, in die Voranzeigen immer eine poetische Floskel über die Faszination seiner Person und die Empfindsamkeit seiner Seele einfließen zu lassen. Ein schönes Organ, eine unerschütterliche Dreistigkeit, mehr Temperament als Intelligenz und mehr Pathos als Gefühl vollendeten die Wirkung dieser bewundernswerten Scharlatannatur, die etwas vom Friseur und vom Stierkämpfer hatte.

Von seiner ersten Szene an begeisterte er. Er schloß Lucia in seine Arme, er verließ sie, kehrte zurück, schien verzweifelt; er hatte Wutausbrüche, dann wieder klagendes Seufzen von unendlicher Süße; aus seiner bloßen Kehle stiegen Töne voller Schluchzen und Küsse. Emma beugte sich vor, um ihn besser zu sehen, und bohrte ihre Nägel in den Samt ihrer Loge. Sie füllte ihr Herz mit den melodischen Klagen, die, von den Baßgeigen begleitet, wie die Schreie Schiffbrüchiger im Getöse eines Sturms dahinzogen. In ihnen erkannte sie alle Trunkenheiten und alle Ängste wieder, an denen sie fast gestorben war. Die Stimme der Sängerin schien ihr nichts anderes zu sein als das Echo ihres eigenen Bewußtseins und das Bühnengeschehen, das sie bezauberte, Teil ihres eigenen Lebens. Doch niemand auf der Welt hatte sie mit solcher Liebe geliebt. Er hatte nicht wie Edgar geweint am letzten Abend, als sie im Mondschein einander: ›Auf morgen, auf morgen! …‹ sagten. Der Saal krachte unter dem Beifall; die ganze Stretta wurde wiederholt, die Liebenden sangen von den Blumen auf ihren Gräbern, von Schwüren, Verbannung, Schicksal, Hoffnungen, und als sie einander das letzte Lebewohl zuriefen, stieß Emma einen Schrei aus, der sich mit den Schwingungen der letzten Akkorde vermischte.

»Warum«, fragte Bovary, »verfolgt dieser Edelmann sie ständig?«

»Aber nein«, entgegnete Emma, »er ist doch ihr Geliebter.«

»Er schwört aber doch, daß er sich an ihrer Familie rächen wird, wohingegen der andere, der vorher dazugekommen war, gesagt hat: ›Ich liebe Lucia und glaube mich von ihr geliebt.‹ Außerdem ist er mit ihrem Vater Arm in Arm abgegangen. Denn das war doch ihr Vater, nicht wahr, der kleine Häßliche mit der Hahnenfeder am Hut?«

Trotz Emmas Erklärungen glaubte Charles, nachdem Gilbert im Rezitativ-Duett seinem Gebieter Lord Ashton seine abscheulichen Ränke enthüllt hatte, beim Anblick des falschen Verlobungsrings, der Lucia täuschen soll, dies sei ein von Edgar gesandtes Liebespfand. Er gab übrigens zu, die Handlung nicht zu verstehen – wegen der Musik, die den Worten sehr schade.

»Was macht das schon!« sagte Emma, »sei still!«

»Ich möchte eben, wie du weißt, immer gern im Bilde sein«, meinte er und beugte sich über ihre Schulter.

»Sei still! sei still!« sagte sie ungeduldig.

Lucia trat auf, von ihren Frauen halb gestützt, einen Orangenblütenkranz im Haar und bleicher als die weiße Seide ihres Kleides. Emma dachte an ihren Hochzeitstag und sah sich wieder von Kornfeldern umgeben auf dem schmalen Pfad, als man zur Kirche schritt. Warum hatte sie sich nicht widersetzt, nicht gefleht wie diese hier? Sie war vielmehr heiter gewesen, hatte den Abgrund nicht gewahrt, in den sie sich stürzte ... Ach, wenn sie noch unbefleckt von der Ehe, vom Ehebruch noch unenttäuscht, in der Frische ihrer Schönheit ihr Leben auf ein zuverlässiges großes Herz hätte bauen können, wenn Tugend, Zärtlichkeit, Sinnenlust und Pflicht ineinander übergegangen wären, sie wäre nie von der Höhe solcher Glückseligkeit hinabgeglitten. Doch jenes Glück war zweifellos eine Lüge, ausgedacht zur Verzweiflung jeglicher Sehnsucht. Sie kannte nun die Beschränktheit der von der Kunst aufgebauschten Leidenschaften. Deshalb bemühte sie sich, ihre Gedanken davon abzulenken, und wollte in dieser Darstellung ihrer eigenen Leiden nichts als ein plastisches Phantasiegebilde sehen, gerade gut genug, um die Augen zu täuschen, und sie lächelte sogar innerlich vor geringschätzigem Mitleid, als im Hintergrund der Bühne unter der Samtportiere ein Mann in schwarzem Mantel erschien.

Sein großer spanischer Hut fiel ihm bei einer Bewegung vom Kopf, und alsbald stimmten Instrumente und Sänger das Sextett an. Zornfunkelnd dominierte Edgar alle anderen mit seiner helleren Stimme; Ashton warf ihm in tiefen Tönen mörderische Herausforderungen entgegen; Lucia stieß ihre schrille Klage aus; Arthur modulierte abseits stehend in der mittleren Tonlage, und der Baßbariton des Geistlichen brummte wie eine Orgel, während die seine Worte aufnehmenden Frauenstimmen sie im Chor lieblich wiederholten. Sie standen alle in einer Reihe da und gestikulierten, und Zorn, Rachlust, Eifersucht, Schrecken, Erbarmen und Staunen entströmten gleichzeitig ihren offenen Mündern. Der gekränkte Liebhaber schwang sein blankes Schwert: den Bewegungen seiner Brust folgend, hob sich sein Spitzenkragen ruckartig; er ging mit großen Schritten hin und her und ließ auf den Bühnenbrettern die rotgoldenen Sporen seiner sich über den Knöcheln verbreiternden weichen Stiefel klirren. Er muß eine unversiegbare Liebesfähigkeit haben, dachte Emma, da er sie in solchen Strömen über die Menge ergießen kann. Alle ihre kritischen Anwandlungen verflogen unter der Poesie seiner Rolle, die sie eroberte. Durch die dargestellte Figur vom Mann auf der Bühne angezogen, versuchte sie sich sein Leben vorzustellen, dieses geräuschvolle, außergewöhnliche, glänzende Leben, das sie hätte führen können, hätte der Zufall es gewollt. Sie hätten sich kennengelernt, hätten sich geliebt! Mit ihm wäre sie durch alle Königreiche Europas von Hauptstadt zu Hauptstadt gereist, hätte Strapazen und Stolz mit ihm geteilt, die Blumen aufgehoben, die man ihm zuwarf, seine Kostüme selbst bestickt, und Abend für Abend hätte sie in den Tiefen einer Loge hinter vergoldetem Gitter glückselig die Mitteilungen dieser Seele empfangen, die nur für sie allein sang; von der Bühne aus hätte er sie singend angeblickt. Aber ein Rausch erfaßte sie: er sah sie ja an, ganz gewiß! Sie wünschte sich in seine Arme zu stürzen, sich in seiner Kraft wie in der Verkörperung der Liebe selbst zu bergen und ihm zu sagen, ihm zuzuschreien: »Nimm mich mit, nimm mich mit, laß uns fliehen! Dir, dir gehört alle meine Glut, dir gehören alle meine Träume!«

Der Vorhang fiel.

Maria Antas
Putzen

Ich putze, wann ich will. Ich habe angefangen, dem Putzen einen neuen Stellenwert zu geben. Wie ein Lied, das zum Ohrwurm wurde, begleitet es meinen Alltag. Dabei habe ich ein eher laxes Verhältnis zum Putzen: Ich putze eigentlich nur dann, wenn mir danach ist oder wenn sich Gäste ankündigen. Das wöchentliche Ritual habe ich aufgegeben.

Putzen kann anregender sein als ein Tag bei der Arbeit, wo wir viel zu lange, viel zu starr vor den Bildschirmen sitzen. Während wir in den mechanischen Bewegungen des Putzens versinken, können die Gedanken frei umherschweifen. Auch einem Genie kommen die glänzendsten Einfälle oft bei der banalsten Tätigkeit. In ihrem Kultbuch *Zeit. Wie man ein verlorenes Gut zurückgewinnt* von 1999 spricht Bodil Jönsson von »Rüstzeit« und meint damit den mentalen Zustand, in dem wir uns befinden, während wir es vermeiden, bevorstehende Aufgaben anzugehen. Immer, wenn wir besser am Computer sitzen sollten, um uns anspruchsvollen oder langweiligen Aufgaben zu widmen, werden wir von einem unwiderstehlichen Putzdrang erfasst. Wir müssen den Schreibtisch verlassen und nachsehen, ob unter dem Bett Staub liegt oder der Tiefkühlschrank vereist ist. Und wenn wir auf die Toilette gehen, führt das unweigerlich dazu, dass sich das Putzbedürfnis auch auf diesen Ort ausweitet. Es reicht nicht, den Schmutz zu erkennen, nein, er muss auch entfernt werden, auf der Stelle, nicht erst morgen. Genau jetzt, wo wir unser Gehirn eigentlich auf unsere Arbeit am Computer einstellen sollten, um uns auf eine Reise ins Innere unserer Köpfe zu begeben.

Das Wunderbare an der Rüstzeit, den spontanen Putzphasen, ist laut Jönsson, dass sie in Wirklichkeit äußerst sinnvoll sind, auch in beruflicher Hinsicht, und hier findet sich ein Zusammenhang zu den Gedanken Sarah Pinks: Indem wir mit unseren Körpern eine mechanische Arbeit ausführen, bringen wir die Denktätigkeit in Gang. Wir setzen unsere Konzentration auf Start, um nach einer Weile abzuheben. Auf dieser Startbahn, etwa während wir den Gefrierschrank abtauen, können die Gedanken frei umherwirbeln, in einer unkontrollierten Kreativität, die uns Energie gibt, sodass die Denkarbeit am Computer, das, was wir aufgeschoben haben, am Ende wie ein lustvolles Erwachsenenspiel erscheint.

Es ist wunderbar, wenn es renommierten Wissenschaftlern gelingt, uns davon zu überzeugen, dass das scheinbar Sinnlose und Alltägliche äußerst vernünftig und sogar kreativ sein kann.

Was passiert in unserem Körper, während wir durch unsere Wohnung, unser Haus oder unser Büro wirbeln, wo wir im Chaos zu versinken drohen? Laut Sarah Pink geht es nicht allein darum, dass die Muskelbewegungen unserer Körper den Rhythmus unserer unbewussten Gefühle aufnehmen. Alle Sinne sind wach, weil die Arbeit zu einem sauberen Ergebnis führen soll. Wir werden zu Jägern. Unser Blick wird geschärft, um Staub und Flecken zu erkennen. Wir hören und spüren, wie es unter unseren Händen und Füßen knirscht und klebt. Jetzt entscheiden wir schnell, welcher Putzmittel und Geräte es bedarf, um die Beute zu erlegen. Im Kühlschrank müffelt es, und der Käse schmeckt nach dem falschen Schimmel; der Geruch warnt uns vor Gesundheitsrisiken. Manchmal ist der ganze Körper gefordert, wenn er verschiedenen Paar Schuhen, unsortierten Zeitungsstapeln und Spielsachen ausweichen oder sie zur Seite räumen muss, ehe er den Schmutz wegwischen kann, der sich unter und hinter all den bunt gemischten Dingen versteckt. Die Sinne registrieren alles, von Ekel bis Genuss, während man sich bis ans Ziel vorarbeitet. Die Sinne sind das edelste Arbeitswerkzeug, sie führen voran, ständig voran.

Max Frisch

Regen

Sonntag:

10.00
Regen wie Spinnweben über dem Gelände.

10.40
Regen als Perlen an der Scheibe.

11.30
Regen als Stille; kein Vogel zwitschert, im Dorf kläfft kein Hund, die lautlosen Hüpfer in jedem Tümpel, die langsam gleitenden Tropfen an den Drähten.

11.50
kein Regen.

13.00
Regen, der nicht zu sehen ist, man spürt ihn bloß auf der Haut, wenn man die Hand aus dem Fenster streckt.

15.10
Regen als Zischen im Laub der Kastanie.

15.20
Regen wie Spinnweben.

16.00
kein Regen, nur das Efeu tropft.

17.30
Regen mit Wind, der gegen die Fensterscheiben klatscht, draußen Spritzer auf dem Granit-Tisch, der schwärzlich geworden ist, die Spritzer wie weiße Narzissen.

18.00
wieder das Gurgeln ums Haus.

19.30
kein Regen, aber Nebel.
23.00
Regen als Glitzern im Schein der Taschenlampe.
Wenigstens schneit es nicht.

Alain

Reisen

In den Ferien wimmelt die Welt von Leuten, die von einem Schauspiel zum andern rennen und offenbar das Bestreben haben, in möglichst kurzer Zeit möglichst viel zu sehen. Wenn ihr Ziel darin besteht, sich mit Gesprächsstoff zu versorgen, ist die Sache in Ordnung; denn es ist besser, wenn man gleich ein paar Namen parat hat; das vertreibt die Zeit. Wenn sie es aber um ihrer selbst willen tun und um wirklich etwas zu sehen, dann verstehe ich sie nicht. Dinge, die man nur flüchtig und im Vorbeigehen sieht, sehen alle gleich aus. Ein Wasserfall ist wie der andere. So daß der, welcher die Welt geschwind durcheilt, schließlich nicht reicher an Erinnerungen ist als vorher.

Der wirkliche Reichtum eines Schauspiels liegt in seinen Details. Sehen heißt Details studieren, bei jedem einen Augenblick verweilen und dann von neuem mit einem Blick das Ganze erfassen. Ich weiß nicht, ob andere darin so schnell sind, daß sie gleich anschließend woanders hingehen und das Spiel von vorn beginnen können. Ich kann es nicht. Glücklich die Bewohner von Rouen, die Tag für Tag, wie einem Bild, das sie zu Hause hängen haben, ihrer Kathedrale einen Blick schenken können. Besucht man dagegen ein Museum oder ein Land nur ein einziges Mal, geraten die Erinnerungen unvermeidlich durcheinander und ergeben schließlich ein Bild, in dem alles unscharf und grau ist.

Für meinen Geschmack besteht Reisen darin, alle zwei Meter stehenzubleiben und dieselben Dinge unter einem neuen Gesichtswinkel zu betrachten. Manchmal genügt es schon, daß ich mich ein wenig nach links oder rechts setze, um alles mehr zu verwandeln, als wenn ich hundert Kilometer hinter mich brächte.

Wenn ich von Wasserfall zu Wasserfall eile, finde ich immer wieder denselben Wasserfall. Wenn ich ihn aber Felsblock für Felsblock abschreite, wird derselbe Wasserfall mit jedem Schritt anders. Und in Wirklichkeit ergreift mich eine Sache, die ich schon einmal gesehen habe und nun wiedersehe, weit mehr, als wenn sie neu wäre; sie ist nämlich neu. Man muß sich, damit die Gewohnheit den Blick nicht abstumpft, nur ein einigermaßen abwechslungsreiches Schauspiel geben. Dabei ist noch zu bemerken, daß im selben Maß, als man sehen lernt, schlechthin jedes Schauspiel von unerschöpflichem Reichtum ist. Im übrigen läßt sich von überall der gestirnte Himmel betrachten; auch das ist ein schöner Abgrund.

Rose Tremain

Schlittschuhlaufen

Und dann kam diese großartige neue Sache: Schlittschuhlaufen.

Frau Zwiebel, die mit Vornamen Adriana hieß, war einst in der Schlittschuhwelt ein »vielversprechendes Talent« gewesen. Mit fünfzehn hatte sie in Bern einen Wettkampf gewonnen. Sie erzählte Gustav, dies sei einer der glücklichsten Momente ihres Lebens gewesen. Sie hatte geglaubt, dass es so weitergehen, dass sie weitere Preise gewinnen werde, aber mit sechzehn kam sie in »eine andere Kategorie«, und die Mädchen, mit denen sie da konkurrierte, waren das, was sie »Vollprofis« nannte, »mit Dragonern als Müttern und Stahl anstelle von Sehnen«. Also gab es keine Preise mehr, aber das Schlittschuhlaufen liebte sie immer noch, einfach um seiner selbst willen, und als sie von der neuen Eisbahn erfuhr, die in Matzlingen eröffnet worden war – eine überdachte Bahn mit glattem Kunsteis, einem gewaltigen Grammophon, das Schweizer Volksmusik und amerikanischen Jazz spielte, und einer Theke, an der man Getränke und Brezeln kaufen konnte –, sagte sie zu Anton: »Komm, lass uns immer am Sonntagnachmittag hingehen. Wir nehmen Gustav mit. Ich bezahle für uns alle.«

Adriana Zwiebel fuhr einen herrlichen Stil. Und sie sammelte immer noch Schwung genug für einen perfekten Lutz mit einer graziösen Landung. Zum Laufen trug sie wollene Leggings, einen kurzen Schottenrock und eine grüne Lederjacke. Die Männer auf der Eisbahn folgten ihr mit den Augen, wenn sie ihre eleganten Kreise drehte, die Arme wie eine Tänzerin ausgestreckt und die dunklen Haare zu einem Pferdeschwanz gebunden, der bei jeder Bewegung hin und her flog.

Auch der siebenjährige Anton und der siebenjährige Gustav sahen ihr zu, nicht so sehr weil Adriana schön anzuschauen war, sondern weil beide wussten, dass sie von ihr lernen konnten. Anton lief von Natur aus gut Schlittschuh, Gustav jedoch nicht, aber er machte es sich zur Aufgabe, alles zu meistern, was Anton konnte, und mit der Zeit auch alles, was Adriana konnte – mochte das Ziel auch in weiter Ferne liegen. Er stürzte häufig, aber er weinte nie, obwohl das Eis hart war, die härteste Oberfläche, mit der seine Knochen jemals in Berührung gekommen waren. Er übte sich darin, stattdessen zu lachen. Lachen war eigentlich ein bisschen wie Weinen. Es war eine seltsame Erschütterung; nur kam sie aus einer anderen Ecke des Gehirns. Der Trick bestand darin, das Weinen aus dieser Ecke zu vertreiben und das Lachen hineinzulassen. Also rappelte er sich wieder hoch, machte weiter und lachte.

Am Ende des Nachmittags liefen Anton und er immer eine letzte Runde, die sie ihren »verrückten Sturm« nannten. Sie hielten sich an den Händen und liefen synchron so schnell sie konnten am äußeren Rand der Eisbahn entlang. Beim Stammpublikum waren sie bald als »die lachenden Buben« bekannt.

Felix Timmermans
Schnee

Pallieter blickte jeden Augenblick zum Himmel auf, um da Wolken zu entdecken, die Schnee streuen sollten. Schnee, weißen, reinen Schnee, der uns das kahle Antlitz des Winters freundlicher erscheinen läßt, der alles weiß macht und die ganze schwarze Erde verjüngt.

Nein, er kam nicht, der Schnee. Ganze Tage lang zogen dünne Wolken über den Himmel, vorwärtsgepeitscht vom scharfen Nordwind, der die schnelle Nethe, die überschwemmten Wiesen und Gräben hatte zufrieren lassen mit fünf Finger dickem Eis. Das war eine Lust! Ein Fest für Pallieter und Mariechen, dies glänzende, glatte Eis, auf dem sie sich stundenweit wiegten und streckten, sich frei fühlend wie die Vögel.

Jeden Morgen waren die Fenster mit seltsamen Eisblumen übersponnen, aber der Kern des Winters, der Schnee, der gute, friedliche Schnee, der saß irgendwo am Nordpol und regte sich nicht.

Pallieter lechzte danach, wie ein Kranker nach mildem Wetter. Er sagte: »Ein Winter ohne Schnee is wie ein Sommer ohne Sonne…«

Aber in der Nacht vor Weihnachten war Schnee gefallen, leise und ungesehen in dicken, fetten Flocken, anhaltend und in Massen, bis es Morgen wurde…

Pallieter, der noch nichts davon wußte, war zuerst wach geworden. Sein erster Gedanke war, Mariechen, die schön und ruhig in seinem Arm schlief, wachzuküssen, aber etwas Weißes traf plötzlich seine Augen; er sah nach dem offenen Fenster, und siehe da, der Nußbaumzweig, der sich immer so schwarz gegen den Himmel abzeichnete, war glitzernd weiß von Schnee. Pallieter stieß einen Schrei aus. Er hockte sich auf. Die ganze Welt war beschneit. Gott, o Gott! Voller Begeisterung sprang Pallieter über Mariechen hinweg aus dem Bett und lief ans Fenster. Eine angenehme Kälte schlug ihm ins Gesicht. Er konnte nichts sagen vor Rührung und Glück. Schnee, Schnee, überall dicker, weißer Schnee! Die Fernen, die Felder, die Hecken, die Wasserläufe, die Bäume, Gehöfte, Wege und Straßen, alles weiß und blank, eben vom Himmel gefallen, in all der Frische und Jugend eines Kindes! Und die Weiße brachte alle Geräusche zum Schweigen und legte eine Kirchenstille über die ganze Welt.

Pallieter hatte die Herrlichkeit mit einem Blick umfaßt, sein Herz sprang in die Höhe, jauchzend zog er die Hosen an, polterte die Treppe hinunter und rief: »Das Glück, das Glück!«

Er riß die Tür auf und wollte sich in den Schnee hineinwälzen, aber ach, der lag da so jungfräulich, als dürfe nicht einmal ein Spatzenfüßchen ihn berühren. »Einer muß doch der erste sein«, sagte er, schlug ein Kreuz und purzelte dann in den Schnee. Er wälzte sich hin und her, lief durch den weichen, kalten Teppich, schlug und stampfte drin herum wie ein Schwimmer im Wasser.

Wilhelm Schmid

Schokopathie

Leiden Sie auch an dieser Leidenschaft? Sie ist unstillbar. Einmal Schokolade, immer Schokolade. Ein Wunder, dass die Krankheit noch keinen Namen hat, *Schokopathie* etwa, um die entsprechend teuren Mittel zur Heilung offeriert zu bekommen. So bleiben wir bei den bewährten Mitteln der Selbstmedikation. Unsere Apotheken sind *Chocolaterien* mit so wohlklingenden Namen wie *Bitter & Zart*. Da finden wir alles, was wir brauchen, Tafeln in allen nur denkbaren Mischungsverhältnissen: 30, 50, 70 Prozent Kakaoanteil, braun, dunkelbraun, schwarzbraun. Spätestens bei 100 Prozent zerschmilzt dann allerdings nichts mehr auf der Zunge, da kann eher von einer Staubimplosion die Rede sein.

Vielerlei Zutaten sind möglich: Nicht nur Rum, Trauben, Nüsse, die Klassiker. Sondern auch Vanille, Zimt, Pfeffer, Salz, Paprika, Ingwer, möglichst nicht alle zugleich. Unmöglich, davon jemals genug zu bekommen! Jetzt ist die richtige Zeit, die Grenzen neu zu testen. Schon wahr: Zu viel tut nicht gut. Zu wenig aber auch nicht. Was das richtige Maß wäre: Können wir das etwa im Voraus wissen? Das geht nicht ohne Experiment, und das heißt: Nicht ohne Irrtum. Aristoteles, der Denker des Maßes, hielt es einst für unvermeidlich (*Nikomachische Ethik*, Buch 2), »gelegentlich nach der Seite des Zuviel, dann nach der des Zuwenig auszubiegen, denn so werden wir am leichtesten die Mitte und das Richtige treffen.«

Kannte er schon die Schokolade? Da ist das *Zuwenig* nicht so sehr zu fürchten. Bleibt das *Zuviel*, und so kommt alles darauf an, ihm eine kultivierte Note zu geben. Denn auch ein scheinbar so einfacher Akt wie der Schokoladengenuss kann noch verfeinert werden, vor allem mithilfe theoretischer Kenntnisse: Woher kommen die Kakaobohnen, mit welchem Anteil an gesunden Gerbstoffen, wie werden sie verarbeitet, wie vermischt, mit welchem Fett, welchem Zucker? Überwältigend ist der Genuss, wenn die richtige Mischung der Ingredienzien langsam dahinschmilzt. Schade, wenn das ohne Vorspiel zu plötzlich geschieht. Zauberhaft ist die Verzögerung, misslich wiederum, wenn gar nichts schmilzt, wenn stattdessen der Gaumen klebt.

Ja, manches erinnert an ein Liebesspiel. Die *Schokopathie* ist eben, wie die Liebe, das Erleiden einer Leidenschaft. Lohnt sich etwa ein Leben ohne Leidenschaft? Zur Fülle des Lebens trägt die Schokolade in jeder Hinsicht bei. Die Dosierung mag wichtig sein. Nur homöopathisch muss sie nicht ausfallen.

Mascha Kaléko
Ein vertrödelter Sonntag

Eigentlich weiß ich nicht recht, warum ich an jenem Sonntag zu Haus geblieben war. Ich hätte mich doch mit Jenssen oder schlimmstenfalls mit Flix verabreden können. Aber, weiß der Himmel, auf Jenssens Gesellschaft hatte ich so gar keinen Appetit. Und Flix? Mit Flix war ich letzten Sonntag erst in Grünheide gewesen, und das hielt noch ein bisschen vor. Die »Zwillinge« saßen schon an der Ostsee, alles Übrige hatte Ferien gemacht …

Und so war es wohl gekommen, dass ich auf dem Heimweg von dem kleinen Chinesischen, in dem ich zu Mittag gegessen hatte, plötzlich beschloss, einmal nur mit mir selbst zusammen zu sein.

So gegen zwei war's wohl, als ich aus der U-Bahn heraufkroch. Eine Morgenausgabe wollte ich mir noch kaufen, aber der Kiosk hatte zu. Also nicht.

Nun könnte man ja wohl programmgemäß erzählen: »Totenstill lagen die Straßen da. Sonntag! Die Häuser schliefen, und die Läden hatten frei.« Und so weiter …

Könnte man erzählen.

Aber das wäre glatt gelogen.

Nein, es war keineswegs sehr sonntäglich da draußen. Die Leute rasten über den Damm wie an einem ganz gewöhnlichen Donnerstag; lag das nun am Wind, der etwas übertrieben um die Ecken jaulte, oder hatten es diese Menschen auch sonntags eilig? Der Zwölfer-Omnibus ratterte wichtigtuerisch durch die Gegend, und die Elektrische namens Westend trottete brav hinterher. Alles wie sonst. Höchstens, dass die paar übriggebliebenen Fahrgäste auf der Plattform statt der täglichen Aktenmappen ein paar kümmerliche Blumensträuße in der Hand hatten.

»ff. Vanille-Eis. Halbgefrorenes!«, offerierte das bunte Plakat am Eissalon. Aber die leichten Sonntagsfähnchen der promenierenden Fräuleins mit dem guten Strohhut waren eine Vorspiegelung falscher Tatsachen an diesem eingeschobenen Herbsttag mitten im Sommer. Ich fühlte mich durchaus wohl in meinem grauen Flausch, ich hatte meine Erfahrungen mit dem Barometer …

Da stand ich nun, klimperte ein bisschen mit den Schlüsseln in meiner Tasche und verspürte noch gar keine rechte Lust, hinaufzugehen zu mir selbst. – Man könnte vielleicht einen kleinen Trip durch die Siedlung machen, an den Feldern vorbei, schlug ich mir vor.

Die Felder …! Wie großartig sich das anhörte. Ja, also gehen wir mal ein bisschen durch die Felder.

Vorbei an der russischen Konditorei mit den gediegenen Vorkriegs-Plüschportieren, vorbei am Modesalon »Yvonne« nicht ohne den üblichen Blick auf das Himbeerfarbene, das ich mir nie werde kaufen können. Sonntäglich schlummert die Discontobank nebst Kapital und Reserven, verbindlich lächeln die Friseurpuppen, obgleich sie heute gar nicht dazu verpflichtet sind, dienstfrei haben sie. Eine mutige Kurve um den Schokoladenautomaten rechts an der Ecke, anderthalb Querstraßen links herum, und schon bin ich im Freien. Soweit vorrätig. Ein paar Bäume, ein Restbestand Spree, eine Portion Rasen, Stückchen Himmel und kein Zaun. Die Anlagen sind ausnahmsweise nicht »dem Schutze des Publikums …«. Keine Anlagen. Kein Publikum. Bestenfalls »Leute«. Kinderfräulein aus besserem Haus, junge Männer im Modeblatt-Anzug mit verwegenem Schlips, Sonntagsliebespärchen Arm in Arm. Brillen-Mütterchen mit Handarbeitsknäuel auf den Bänken und alte Männer, die ihren Hunger nach Sommer und Luft stillen wollen, denn eigentlich ist es Juli.

– Und dergleichen nennt sich nun Hochsommer. Eine verrückt gewordene Jahreszeit ist das diesmal, und wenn es Dienstag, Mittwoch noch soundso viel Grad im Schatten gibt und eine dick unterstrichene »Hitzewelle in Amerika« im Abendblatt: Zum Wochenende, darauf könnte man wetten, kommt das »Tief«. Nun zieht der Himmel ein Gesicht, dass einem alle Lust vergeht, hier weiter umherzustrolchen. Und wenn ihr da drüben noch so viel angebt in euren duftigen Sonntagsausgehkleidern und den protzigen Panamas, ich könnte schwören, dass dies eben der zweite Regentropfen gewesen ist.

Regen. Natürlich. Passt so richtig ins Programm.

Durch die leer gewordene Neubausiedlung mit den lächerlich kleinen Häuserchen und dem Bürgermeister aus Bronze trödle ich mich allmählich heim.

Während ich den Mantel hinhänge zum Trocknen, fange ich an, ganz intensiv an einen Kognak zu denken. Unfreundliche Bude, ich werde mir mal einen Tee »mit« machen. So. Jetzt noch eine Sonntagsausgabe, und das Glück wäre vollkommen. Gibt's aber nicht. Oben auf dem Regal döst noch eine uralte ›Illustrierte‹, die habe ich mir mal aufgehoben wegen einer dringend wichtigen Notiz. Längst vergessen. Nachdem das Kreuzworträtsel bis auf die letzte »Bezeichnung eines Gemütszustandes« gelöst ist, finde ich es ein ganz klein wenig langweilig.

Still ist das heute im Haus …

Keiner singt auf dem Hof. Noch nicht mal die Heilsarmee, obgleich die doch heute dran wäre. Unheimlich ist so eine Ruhe in einem Mietshaus. Kein Köter bläfft, kein Grammophon wimmert. Ja, nicht einmal Schwertfegers Mädchen grölt aus dem Küchenfenster: »... Abär nein, abär nein, sprach sie, ich küssäää nie ...!«

Man könnte ja ein Buch lesen oder sonst was für seine Bildung tun. Man könnte vielleicht arbeiten, wenn man arbeiten könnte. Schön still ist das heute.

So, wie ich es mir schon immer mal gewünscht habe. – Na, kleine Klappermaschine, sollen wir? Ach was, wir lassen dir deine schwarze Wachstuchhaube und deinen Sonntagsfrieden. Mit dem Arbeiten wird das heute nichts. Und der Brief nach Edinburgh wird ja doch nie mehr geschrieben werden.

Wie aufdringlich so ein angebrochener Sonntagnachmittag sein kann. Es sollte wenigstens mal einer an der Tür läuten, damit man merkt, dass man überhaupt noch da ist. Für wen surrt dieser verflixte Fahrstuhl andauernd, kommt ja doch keiner zu mir. Ekelhaftes, pedantisches Ticken, ich werde diesen Wecker doch noch mal an die Wand ...

Ich möchte gern wo eingeladen sein bei braven Leuten mit geregelter Tageseinteilung und einem Programm für den Lebenslauf. Nein, lieber nicht ...

Warum ist diese Woche wieder so grau heruntergerollt von der Kalenderspule. Muss das so sein? Vernuschelt man nun seine Zeit, oder hat das Glück bloß vergessen, seine Visitenkarte bei mir abzugeben? Warum verlieb ich mich immer in die ganz ausgeleierten Phrasen: »... fühlt sich nicht wohl in seinen vier Wänden« oder beispielsweise »es ist, um aus der Haut zu fahren«. Ach, Blödsinn ... Montag ist morgen. Montag. Aber bitte, noch nicht. Sonntag ist heute, ich hab es schriftlich, und wir werden mal runtergehen, nachsehen, ob das etwa immer noch regnet.

Punkt sieben ist es über der Telefonzelle drüben.

Ob ich den Jenssen doch noch anrufe? ... Nein, ich rufe nicht an. Man kann so schön vor Litfaßsäulen stehen und tun, als ob man läse. »Schlüsselbund verloren« vielleicht oder: »Das gute Bier, die gute Musik«. Man kann sich auch die Ausverkaufsschaufenster im Warenhaus ansehen. Aber drüben im kleinen »Floh« geben sie tatsächlich noch einen alten Stummfilm mit der Garbo, als sie noch nicht »die Garbo« war. »Der Hauptfilm hat noch nicht begonnen.« Das »heitere Beiprogramm« und das Leben unserer gefiederten Freunde unter dem Vorwand »Kulturfilm« lasse ich über mich ergehen. Wenn es allzu schlimm wird, stecke ich zwei Pfefferminz auf einmal in den Mund. Roter Plüsch für siebzig Pfennig und lieber alter Filmstreifen, auf dem es regnet wie früher, wenn man heimlich von den unregelmäßigen Verben fort zu Harry Piel gelaufen war …

Und dann ist es mit einem Male neun. ENDE!!! steht mit Riesenbuchstaben auf der Leinwand, und ich bin entlassen.

Dunkel ist es draußen, von allen Ecken kommen die grellglühenden Augen der Autos auf mich zu, lumpige Taxis und noble Achtzylinder. Sonntagabendausgehzeit, einundzwanzig Uhr … Sommerpelze und schwarze Seide und grellweiße Waschlederne und rotgemalte Puppenlippen. Lacktäschchen und Achtfünfzig-Fähnchen aus dem Totalausverkauf. Lauter rosaseidene Beine und kostbares »Chanel« oder »Maiglöckchen« für einen Groschen aus dem U-Bahn-Automaten. Schicksale auf Maß gearbeitet und billige Konfektionsware. Ganz hoch oben auf dem Hoteldach läuft eine Lichtreklame spazieren: »… und abends in die Scala!« – Aber ich kümmere mich nicht darum, sondern laufe meinen Bayernring hinunter, und weil ich plötzlich Hunger verspüre, setze ich mich in das kleine Automatenbüfett und ziehe mir einen Heringssalat. Ein Photomaton haben sie in der Ecke, achtmal für eine Mark, bitte, die Dame … Nein, ich blättere lieber in den Magazinen herum, »Sport« und »Film« und »Mode«, bis auf die Gastwirtsnachrichten, alles hübsch hintereinander, ich habe Zeit. Der Salat könnte schärfer sein. Ich lasse mir noch ein paar Zigaretten kommen, zahle und schiebe mich langsam hinaus.

Feucht glänzen die Trottoirs. Auf kleinen Pfützen schwimmt milchig das Licht der Bogenlampen. Aus einem Parterrefenster quäkt ein erkältetes Grammophon: »Auch du wirst mich einmaaal betrügän, auch du, auch duuu …!« So schwer ist die Luft. Vom Park her riecht es ganz sanft nach Linde und etwas Holunder, aber das kann auch Einbildung sein. Blank gewaschen ist die Straße, von Dachrinnen klatscht ab und zu noch ein Tropfen auf den Asphalt. Ganz unmotiviert kommt ein blasses Viertel Mond aus den Wolken gekrochen und steigt den Häusern aufs Dach.

»Auch du, ta ta tüta tatüta, auch duuuu …«

Ich werde die paar aufgegriffenen Takte nicht los. – Verflixte Melodie!

Ach, gehen wir ins Bett. Drehen uns auf die Schlafseite. Uns kann dieser Tag gestohlen bleiben. Heute ist Regen, und morgen fängt die Woche an.

Ein vertrödelter Sonntag, denke ich so im Eindämmern. Ein vertrödelter Sonntag …

Robert Walser

Der Spaziergang

Ohne mich nach irgendwelchen andern Dingen umzuschau-
en, eilte ich auf die Gemeindekasse oder auf das Steuerbureau
wegen der Steuern; aber hier muß ich einen gröblichen Irrtum berichtigen.

Es handelte sich nämlich, wie mir jetzt nachträglich einfällt,
nicht um Zahlung, sondern lediglich einstweilen um eine
mündliche Besprechung mit dem Herrn Präsidenten der löb-
lichen Steuerkommission und um Eingabe oder Abgabe einer
feierlichen Erklärung. Man nehme mir den Irrtum nicht übel
und höre freundlich, was ich hierüber zu sagen haben werde. So gut wie der standhafte und unerschütterliche Schnei-
dermeister Dünn Tadellosigkeit versprach und garantierte,
verspreche und garantiere ich in bezug auf die abzulegende
Steuer-Erklärung Exaktheit und Ausführlichkeit sowohl wie
Knappheit und Kürze.

Ich springe sofort in die bezügliche scharmante Situation hinein: »Erlauben Sie mir, Ihnen zu sagen«, sagte ich frei und offen zum Steuermann oder hohen Steuerbeamten, der mir sein
obrigkeitliches Ohr schenkte, um dem Bericht, den ich abstat-
tete, mit gehöriger Aufmerksamkeit zu folgen, »daß ich als armer Schriftsteller und Federführer oder homme de lettres ein
sehr fragwürdiges Einkommen genieße. Von irgendwelcher
Vermögens-Anhäufung kann natürlich bei mir nicht die Spur
zu sehen und zu finden sein. Ich stelle das zu meinem großen
Bedauern fest, ohne indessen über die klägliche Tatsache zu
verzweifeln oder zu weinen. Ich schlüpfe notdürftig durch,
wie man sagt. Luxus treibe ich keinen; das vermögen Sie mir
auf den ersten Blick anzusehen. Das Essen, das ich esse, kann

als hinlänglich und spärlich bezeichnet werden. Es ist Ihnen eingefallen zu glauben, daß ich Herr und Gebieter von vielerlei Einkünften sei; ich bin aber genötigt, diesem Glauben und allen diesen Vermutungen höflich, aber entschieden entgegenzutreten und die schlichte, nackte Wahrheit zu sagen, und diese lautet auf alle Fälle, daß ich überaus frei von Reichtümern, dagegen aber vollbehangen von jeder Art Armut bin, was Sie die Güte haben und vormerken wollen. Sonntags darf ich mich auf der Straße gar nicht blicken lassen, weil ich kein Sonntagskleid habe. An solidem und sparsamem Lebenswandel ähnele ich einer Feldmaus. Ein Sperling hat mehr Aussichten, wohlhabend zu werden, als gegenwärtiger Berichterstatter und Steuerzahler. Ich habe Bücher geschrieben, die dem Publikum leider nicht gefallen, und die Folgen davon sind herzbeklemmend. Ich zweifle keinen Augenblick, daß Sie das einsehen und daß Sie infolgedessen meine finanzielle Lage verstehen. Bürgerliche Stellung und bürgerliches Ansehen besitze ich nicht; das ist sonnenklar. Verpflichtungen einem Menschen gegenüber, wie ich bin, scheint es überhaupt keine zu geben. Das lebhafte Interesse für die schöne Literatur ist überaus spärlich vertreten, und die schonungslose Kritik, die jedermann an unsereins Werken glaubt üben und pflegen zu dürfen, bildet eine weitere starke Ursache der Schädigung und hemmt wie ein Hemmschuh die Verwirklichung irgendeines bescheidenen Wohlstandes. Wohl gibt es gütige Gönner und freundliche Gönnerinnen, die mich von Zeit zu Zeit in der edelsten Art unterstützen; aber eine Gabe ist kein Einkommen, und eine Unterstützung ist kein Vermögen. Aus allen diesen sprechenden und doch wohl überzeugenden Gründen, mein hochgeehrter Herr, möchte ich Sie ersuchen, von jederlei Steuererhöhung, die Sie mir angekündigt haben, abzusehen, und ich muß Sie bitten, wenn nicht beschwören, meine

Zahlungskraft so niedrig einzuschätzen wie nur immer möglich.«

Der Herr Vorsteher oder Herr Taxator sagte: »Man sieht Sie aber immer spazieren!«

»Spazieren«, gab ich zur Antwort, »muß ich unbedingt, um mich zu beleben und um die Verbindung mit der lebendigen Welt aufrechtzuerhalten, ohne deren Empfinden ich keinen halben Buchstaben mehr schreiben und nicht das leiseste Gedicht in Vers oder Prosa mehr hervorbringen könnte. Ohne Spazieren wäre ich tot, und mein Beruf, den ich leidenschaftlich liebe, wäre vernichtet. Ohne Spazieren und Bericht-Auffangen könnte ich auch keinen Bericht mehr abstatten und nicht den winzigsten Aufsatz mehr, geschweige denn eine ganze lange Novelle verfassen. Ohne Spazieren würde ich ja gar keine Beobachtungen und gar keine Studien machen können. Ein so gescheiter und aufgeweckter Mann wie Sie darf und wird das augenblicklich begreifen. Auf einem schönen und weitschweifigen Spaziergang fallen mir tausend brauchbare nützliche Gedanken ein. Zu Hause eingeschlossen, würde ich elendiglich verkommen und verdorren. Spazieren ist für mich nicht nur gesund und schön, sondern auch dienlich und nützlich. Ein Spaziergang fördert mich beruflich und macht mir zugleich auch noch persönlich Spaß und Freude; er erquickt und tröstet und freut mich, ist mir ein Genuß und hat gleichzeitig die Eigenschaft, daß er mich zu weiterem Schaffen reizt und anspornt, indem er mir zahlreiche kleine und große Gegenständlichkeiten als Stoff darbietet, den ich später zu Hause emsig und eifrig bearbeite. Ein Spaziergang ist immer voll sehenswerter und fühlenswerter bedeutender Erscheinungen. Von Gebilden und lebendigen Gedichten, von Zaubereien und Naturschönheiten wimmelt es auf netten Spaziergängen meistens, und seien sie noch so klein. Naturkunde und Landeskunde öffnen sich reizvoll und anmutsvoll vor den Sinnen und Augen des aufmerksamen Spaziergängers, der freilich nicht mit niedergeschlagenen, sondern mit offenen und ungetrübten Augen spazieren muß, wenn ihm der schöne Sinn und der heitere, edle Gedanke des Spazierganges aufgehen sollen. Bedenken Sie, wie der Dichter verarmen und kläglich scheitern muß, wenn nicht die mütterliche und väterliche und kindlich schöne Natur ihn immer wieder von neuem mit dem Quell des Guten und Schönen erfrischt. Bedenken Sie, wie für den Dichter der Unterricht und die heilige goldene Belehrung, die er draußen im spielenden Freien schöpft, immer wieder von der größten Bedeutung sind. Ohne Spazieren und damit verbundene Naturanschauung, ohne diese ebenso liebliche wie ermahnungsreiche Erkundigung fühle ich mich wie verloren und bin es auch. Höchst liebevoll und aufmerksam muß der, der spaziert, jedes kleinste lebendige Ding, sei es ein Kind, ein Hund, eine Mücke, ein Schmetterling, ein Spatz, ein Wurm, eine Blume, ein Mann, ein Haus, ein Baum, eine Hecke, eine Schnecke, eine Maus, eine Wolke, ein Berg, ein Blatt oder auch nur ein armes weggeworfenes Fetzchen Schreibpapier, auf das vielleicht ein liebes gutes Schulkind seine ersten ungefügen Buchstaben geschrieben hat, studieren und betrachten. Die höchsten und niedrigsten, die ernstesten und lustigsten Dinge sind ihm gleicherweise lieb und schön und wert. Keinerlei empfindsamliche Eigenliebe und Leichtverletzlichkeit darf er mit sich tragen. Uneigennützig und unegoistisch muß er seinen sorgsamen Blick überallhin schweifen und herumstreifen lassen; ganz nur im Anschauen und Merken der Dinge muß er stets fähig sein aufzugehen, und sich selber, seine eigenen Klagen, Bedürfnisse, Mängel, Entbehrungen hat er, gleich dem wackeren, dienstbereiten und aufopferungsfreudigen erprobten Feldsoldaten, hintanzustellen, geringzuachten und zu vergessen. Im andern Fall spaziert er nur mit halber Aufmerksamkeit und mit halbem Geist, und das ist nichts wert. Er muß jederzeit des Mitleides, des Mitempfindens und der Begeisterung fähig sein, und er ist es hoffentlich. Er muß in den hohen Enthusiasmus hinaufzudringen und sich in die tiefste und kleinste Alltäglichkeit herunterzusenken und zu neigen vermögen, und er kann es vermutlich. Treues, hingebungsvolles Aufgehen und Sichverlieren in die Gegenstände und eifrige Liebe zu allen Erscheinungen und Dingen machen ihn aber dafür glücklich, wie jede Pflichterfüllung den Pflichtbewußten glücklich und reich im Innersten macht. Geist, Hingabe und Treue beseligen ihn und heben ihn hoch über seine eigene unscheinbare Spaziergängerperson hinaus, die nur zu oft im Geruch und schlechten Rufe des Vagabundierens und unnützen Herumstreichens steht. Seine mannigfaltigen Studien bereichern und belustigen, besänftigen und veredeln ihn und streifen mitunter, so unwahrscheinlich das auch klingen mag, hart an exakte Wissenschaft, die dem scheinbar leichtfertigen Bummler niemand zutraut. Wissen Sie, daß ich hartnäckig und zäh im Kopfe arbeite und oft im besten Sinne tätig bin, wo es den Anschein hat, als ob ich ein gedankenlos und arbeitslos im Blauen oder im Grünen mich verlierender, saumseliger, träumerischer und träger, schlechtesten Eindruck machender Erztagedieb und leichtfertiger Mensch ohne Verantwortung sei? Geheimnisvoll und heimlich schleichen dem Spaziergänger allerlei schöne, feinsinnige Spaziergangsgedanken nach, derart, daß er mitten im fleißigen, achtsamen Gehen innehalten, stillstehen und horchen muß, daß er über und über von seltsamen Eindrücken und bezaubernder Geistergewalt benommen und betreten ist und er das Gefühl hat, als müsse er plötzlich in die Erde hinabsinken oder als öffne sich vor seinen geblendeten, verwirrten Denker- und Dichteraugen ein Abgrund. Der Kopf will ihm abfallen, und die sonst so lebendigen Arme und Beine sind ihm wie erstarrt. Land und Leute, Töne und Farben, Gesichter und Gestalten, Wolken und Sonnenschein drehen sich wie Schemen rund um ihn herum, und er muß sich fragen: ›Wo bin ich?‹ Erde und Himmel fließen und stürzen mit einmal in ein blitzendes, schimmerndes, übereinanderwogendes, undeutliches Nebelgebilde zusammen; das Chaos beginnt, und die Ordnungen verschwinden. Mühsam versucht der Erschütterte seine gesunde Besinnung aufrechtzuhalten; es gelingt ihm, und er spaziert vertrauensvoll weiter. Halten Sie es für ganz und gar unmöglich, daß ich auf einem weichen geduldigen Spaziergang Riesen antreffe, Professoren die Ehre habe zu sehen, mit Buchhändlern und Bankbeamten im Vorbeigehen verkehre, mit angehenden jugendlichen Sängerinnen und ehemaligen Schauspielerinnen rede, bei geistreichen Damen zu Mittag speise, durch Wälder streife, gefährliche Briefe befördere und mich mit tückischen ironischen Schneidermeistern wild herumschlage? Das alles kann vorkommen, und ich glaube, daß es in der Tat vorgekommen ist. Den Spaziergänger begleitet stets etwas Merkwürdiges, Gedankenvolles und Phantastisches, und er wäre dumm, wenn er dieses Geistige nicht beachten oder gar von sich fortstoßen würde; aber das tut er nicht; er heißt vielmehr alle sonderbaren, eigentümlichen Erscheinungen willkommen, befreundet und verbrüdert sich mit ihnen, weil sie ihn entzücken, macht sie zu gestaltenhaften wesenvollen Körpern, gibt ihnen Bildung und Seele, wie sie ihrerseits ihn beseelen und bilden. Ich verdiene mit einem Wort mein tägliches Brot durch Denken, Grübeln, Bohren, Graben, Sinnen, Dichten, Untersuchen, Forschen und Spazieren so sauer wie irgendeiner. Indem ich vielleicht die allervergnügteste Miene schneide, bin ich höchst ernsthaft und gewissenhaft, und wo ich weiter nichts als zärtlich und schwärmerisch zu sein scheine, bin ich ein solider Fachmann! Ich hoffe, daß alle diese eingehenden Aufklärungen Sie von meinen ehrlichen Bestrebungen überzeugen und Sie vollauf befriedigen.«

Der Beamte sagte: »Gut!« und er fügte bei: »Ihr Gesuch betreffs Bewilligung möglichst niedrig zu veranschlagenden Steuersatzes werden wir näher prüfen und Ihnen diesbezüglich baldige abschlägige oder einwilligende Mitteilung machen. Für freundlich abgelegten Wahrheitsbericht und eifrig geleistete ehrliche Aussagen dankt man Ihnen. Sie dürfen einstweilen abtreten und Ihren Spaziergang fortsetzen.«

Peter Handke

Der geglückte Tag

Wer hat schon einen geglückten Tag erlebt? Sagen werden das
zunächst von sich wahrscheinlich die meisten. Und es wird
dann nötig sein, weiterzufragen. Meinst du »geglückt« oder
bloß »schön«? Sprichst du von einem »geglückten« Tag oder
einem – es ist wahr, ebenso seltenen – »sorglosen«? Ist für
dich ein geglückter Tag allein schon, der ohne Problem ver-
lief? Siehst du einen Unterschied zwischen einem glücklichen
Tag und dem geglückten? Ist es für dich etwas anderes, mit
Hilfe der Erinnerung von diesem und jenem geglückten Tag
zu reden, oder gleich jetzt, unmittelbar danach, ohne eine Verwandlung durch die Zwischenzeit, am Abend ebendesselben
Tags, als dessen Beiwort dann auch nicht ein »geschafft« oder
»überstanden« stehen kann, sondern einzig »geglückt«? Ist
dir der geglückte Tag also grundverschieden von einem un-
beschwerten, einem Glückstag, einem ausgefüllten, einem Ak-
tivtag, einem durchstandenen, einem von der Langvergangen-
heit verklärten – ein Einzelnes genügt da, und ein ganzer Tag
schwebt auf in Glorie –, auch gleichwelchem Großen Tag für
die Wissenschaft, dein Vaterland, unser Volk, die Völker der
Erde, die Menschheit? (Im übrigen: Schau – blick auf –, der
Umriß des Vogels dort oben im Baum; wozu das griechische
Verb für »lesen« in den Briefen des Paulus, buchstäblich übersetzt, ein »Auf-Blicken« wäre, geradezu ein »*Hinauf*-Wahrneh-
men«, ein »*Hinauf*-Erkennen«, ein Wort ohne besondere Be-
fehlsform schon als eine Aufforderung oder ein Aufruf; und
dazu noch jene Kolibris in den südamerikanischen Dschun-
geln, die beim Verlassen ihres Schutzbaums, um die Raubgei-
er zu täuschen, das Geschaukel eines fallenden Blatts nachma-

chen ...) – Ja, der geglückte Tag ist für mich nicht wie all die anderen; er *heißt* mir mehr. Der geglückte Tag ist mehr. Er ist mehr als eine »geglückte Bemerkung«, mehr als ein »geglückter Schachzug« (sogar ein geglücktes vollständiges Spiel), als eine »geglückte Erstbesteigung im Winter«, etwas anderes als eine »geglückte Flucht«, eine »geglückte Operation«, eine »geglückte Beziehung«, gleichwelche »geglückte Sache«, ist auch unabhängig vom geglückten Pinselstrich oder Satz, und hat nicht einmal etwas zu schaffen mit jenem »nach lebenslangem Warten in einer einzigen Stunde geglückten Gedicht«! Der geglückte Tag ist unvergleichlich. Er ist einzigartig.

Cees Nooteboom

Teezeremonie

Ich trinke meinen Tee ohne Zucker. Das ist an sich keine welt-
bewegende Mitteilung, doch sie zeigt an, daß mein Verhältnis
zum Tee keinerlei Einmischung verträgt. Ich bin alt genug,
den Krieg (und damit ist dann in meinem Alter immer noch
der Zweite Weltkrieg gemeint) miterlebt zu haben, eine Zeit,
in der Tabak, Tee, Kaffee, Zucker immer knapper wurden, bis
der Augenblick kam, in dem es sie einfach nicht mehr gab
und die erbärmlichsten Ersatzprodukte auf den Markt kamen,
die einem nur wieder einmal bestätigten, daß sich das Echte
nie und nimmer ersetzen läßt. Tee ließ sich nur mit Tee vergleichen, allein schon dadurch bekam das Wort den Rang einer platonischen Idee: Irgendwo auf der Welt mußte es das
noch geben, Tee, unerreichbar, eine Abstraktion, von der die
Erwachsenen stundenlang sprechen konnten, etwas, das es
einmal gegeben hatte und das irgendwann, irgendwann, wenn
dieser verheerende Krieg endlich vorbei war, vielleicht wieder-
kehren würde aus märchenhaften Regionen mit Namen wie
Assam, Darjeeling oder Ceylon – das Unvorstellbare. […]
Nun gibt es Tee und Tee und Tee. Zugegeben, ich liebe es, dieses Wort auszusprechen, es hat einen eigentümlichen Reiz,
dem ich mich schwerlich entziehen kann, wiewohl ich weiß,
daß Aufguß vielleicht das treffendere Wort wäre, weil der
merkwürdige Pflanzenextrakt, der hunderterlei Gestalt angenommen hat, die wir alle mit diesen drei oder vier Buchstaben – *cha*, *tea*, *thee*, *thé*, Tee – benennen wollen, sich diesen
Benennungen hartnäckig entzieht, da jeder, der das kurze
Wort ausspricht, so gut wie immer etwas anderes damit meint.
Ich habe in meinem Leben zu Getränken Tee gesagt, die

grundverschieden waren und nur eines miteinander gemein hatten, nämlich, daß kochendes Wasser mit im Spiel gewesen war, daß es den Blättern – frisch gepflückten oder getrockneten oder leicht gerösteten von jeweils unterschiedlichen Pflanzen – die Essenz entzogen hatte und daß diese Erfahrung sich jedesmal in einer unvergeßlichen Erinnerung niedergeschlagen hat.

Das erste Mal geschah dies in England, wo die Königin sich, wie jeder weiß, jeden Tag in Tee aus den entlegensten Regionen des früheren Imperiums, verdünnt mit ein wenig Eselsmilch, badet. So sah der erste Tee, den ich im Vereinigten Königreich trank, nicht aus. Ich war mit der Fähre in einer düsteren Winternacht mit Nebel und feuchter Kälte aus Hoek van Holland gekommen. Gut vierzig Jahre ist das nun her. Inseln muß man sich mit dem Schiff nähern, auf jeden Fall beim ersten Mal, und dieser Nebel war ein Muß, das hatte ich in allen Büchern gelesen. Ich war jung, vielleicht noch nicht einmal zwanzig, und England war ein Abenteuer, schon lange vor unserer Ankunft stand ich an Deck. Nebelhörner, orangefarbene Lichter, Nebelfetzen machten alles noch geheimnisvoller. Harwich, der Zug ganz in der Nähe des Schiffs, sechs Uhr morgens, ein Bahnsteig mit verfrorenen Menschen, eine Bude, eine Luke, ein Stand, an dem man eine Tasse Tee bekommen konnte. In meiner Erinnerung war es eine große weiße Tonschale und darin eine Flüssigkeit, die noch am ehesten wie Totenwasser aus dem Lethe aussah. Mit dem Tee, den ich bis dahin in meinem Leben getrunken hatte, konnte dies nichts zu tun haben. Ich sah, daß andere Milch hineintaten, doch das wollte ich nicht. Dies war ein Kelch, der bis zur Neige geleert werden mußte, sonst hätte man genausogut daheim bleiben können. Bitter war er, etwas, von dem ich heute weiß, daß es Gerbsäure ist, blieb an meinen Zähnen haften, meine Geschmackspapillen speicherten die Erfahrung und sollten sie für alle Zeiten mit dem vergleichen, was in anderen Ländern als »englischer« Tee präsentiert wird, und nie sollte dieser Ähnlichkeit damit haben. Nie mehr wird Tee so schmecken wie auf jenem feuchtkalten, nebligen Bahnsteig, nie mehr wird er so schwarz sein, nie mehr werde ich so gestärkt und gewappnet inmitten der Gerüche von *kippers* und *bacon* eine neblige, halb verborgene Stadt hinter den Fensterscheiben eines Dampfzugs auftauchen sehen. Manchmal, ganz selten, in einem Bed & Breakfast, ähnelt er ihm für einen Moment, doch diese eine, prägende Erfahrung bleibt das verschwundene bittere Glücksgefühl, nach dem ich für den Rest meines Lebens werde suchen müssen. […]

Seitdem hat es Tee in Bandung und Hongkong gegeben, Tee im Londoner Ritz und Tee in der Pension Zur Ehrbaren Armut, Tee, frisch gepflückt, und Tee vom Graben nach Nirgendwo. Ein Tee jedoch war vor mir ausgewichen, Tee, von dem ich in den Büchern von Kawabata Yasunari und in dem berühmten Teebuch von Okakura Kakuzo gelesen hatte, der Tee, den der große Teemeister Rikiu bei seiner letzten Zeremonie trinken sollte. Noch nie hatte ich an einer Teezeremonie teilgenommen. Ich kannte die Namen des sakralen Geräts, das dafür nötig ist, ich kannte die Handlungen sowie die Namen der berühmten Teeschalen, ich wollte in meinem Buch *Rituale* darüber schreiben, aber selbst, nein, selbst hatte ich es noch nie erlebt. Zwei japanische Mädchen in Amsterdam boten Abhilfe. Sie sagten, sie könnten es nie so vollziehen wie ein echter Teemeister, doch sie wollten ihr Bestes tun, und das taten sie dann auch, wie nur Japaner es können: aus vollster Überzeugung. Wir knieten zu dritt auf den Knien in einem Amsterdamer Obergeschoßzimmer, und ohne die leiseste Ironie wurden alle vorgeschriebenen Handlungen verrichtet. Nun war es Tee von einem anderen Grün, der mir gereicht wurde, die Schale mußte erhoben werden, ich hatte alle Handlungen genauestens mitverfolgt, fühlte, wie ich mich in jemanden verwandelte, dessen Gebärden langsam geworden waren; die Zeremonie hatte uns in andere, bedächtigere Wesen transformiert, nichts Lächerliches haftete uns an, kurzzeitig saßen wir an jenem Nachmittag da und schwebten, etwas trennte uns von der übrigen Welt, das etwas mit der ätherischen, duftenden Flüssigkeit in dieser Schale zu tun haben mußte, die möglicherweise nicht einmal eine echte Teeschale war, etwas, das sich nicht benennen ließ und gerade deswegen unvergeßlich geblieben ist.

Claire Beyer
Im Thermalbad

»Riechst du es auch? Ein Hauch von …?«
Kein Geruch nach Chlor, dafür der Duft von Zedernholz, Eukalyptus und einer Spur Weihrauch. Aber da gab es noch etwas, das ich nicht einordnen konnte, ein Duft und eine Erinnerung, die weit in meine Kindheit reichten und sich mir nur in seltenen Momenten offenbarten.
Während ich rätselte, lag mein Freund schon mit geschlossenen Augen im wohlig warmen Wasser. Nur sein Kopf und ein paar Zehen schauten heraus. Das Thermalbad war an diesem frühen Vormittag fast leer, und nur wenige Frauen und Männer glitten in majestätischer Haltung durch das Bassin. Der Ausdruck in ihren Gesichtern war entrückt, nach innen gerichtet und auf eine seltsame Weise frei. Vielleicht hatten sich die Mineralstoffe, die aus einer Tiefe von 770 Metern emporstiegen, in Glückshormone verwandelt. Eine Million Liter, 61 Grad heiß und auf Badewassertemperatur heruntergekühlt, strömten jeden Tag in die Becken. Reinstes Wasser, angereichert mit Muschelkalk, der seinen Ursprung in den Fossilien der Stachelhäuter, der Seelilien oder Armfüßler hat. Und mit Salzen, Wurzeln und Düften, die gutmütige und wohlwollende Erdgeister in unermüdlichem Fleiß als Geschenk für die Menschen mit auf den Weg nach oben schicken.
Ich hatte den Glücksmoment so lange wie nur möglich hinausgezögert, jetzt aber tauchte ich ein. Die Wärme des Wassers umfing mich wie eine Hülle aus Seide und nach wenigen Augenblicken kamen Duft und Erinnerung mit den feinen Wasserperlen auf mich zu. Da wusste ich es wieder.
Ich war sechs oder sieben Jahre alt, neugierig und meist un-

folgsam wie unsere Katze. Mit dem sicheren Gespür aller Kinder, wann die Luft rein ist, um Verbote zu übergehen, schlich ich in das Schlafzimmer der Großeltern. Dort, in einer bemalten Truhe, lag das sorgfältig in Linnen eingewickelte Ballkleid meiner Großmutter. Ich betastete und entfaltete es, roch daran, streifte es schließlich über. Eine Duftkaskade aus Eukalyptus und Zeder, Weihrauch – und Lavendel entführte mich in einen Ballsaal und ich drehte mich wieder und wieder zu einer wunderbaren Musik, die meinen Kopf ganz und gar ausfüllte. Die Berührung des Kleides aber war das Wunderbarste. Die Ärmel aus Samt, aus Seide der üppige Rock und das geraffte Oberteil. Unter größtem Bedauern (weil im Haus eine Stimme zu hören war, die meiner Großmutter gehörte) wollte ich dieses Märchenkleid gerade ausziehen, drückte nochmals meine Wange in die Stoffe, seufzte – da stand meine Oma im Zimmer.

Und nun, vom warmen Thermalwasser umgeben, sah ich das kleine Mädchen im Ballkleid, fühlte, wie die Hände der Großmutter über ihre Haare strichen, roch die Essenzen, spürte und genoss die Leichtigkeit der Erinnerung an diesen wunderbaren Augenblick.

Mein Freund und ich lagen still nebeneinander, meine Zehen neben den seinen. Mein Blick glitt durch die großen Panoramafenster am Hochplateau der Schwäbischen Alb entlang, fiel auf eine Burgruine und auf mächtige Tannen- und Laubwälder.

Schließlich zog ich mich wohlig und müde, eingewickelt in vorgewärmten Badetüchern in den Ruheraum zurück. In die Stille hinein stiegen meine Gedanken zu den beiden vergangenen Tagen auf. Zwei Fahrten, jede über tausend Kilometer lang, lagen hinter uns. Während der Hinfahrt die Vorfreude auf das Meer, auf katalanische Frühlingstage. Dann die Enttäuschung und der Ärger auch auf uns selbst, weil wir uns nicht vorbereitet und informiert hatten.

An die Costa Blanca war die Reise gegangen, die uns der Angestellte des Reisebüros vermittelt hatte. Auf seine Warnung, dass es zu Ostern noch gehörig kalt sein konnte und die Wohnung nur über eine spärliche Heizmöglichkeit verfügte, hörte mein Freund nicht – wollte er nicht hören, zu verlockend war das Angebot.

Das Osterfest war in diesem Jahr ungewöhnlich früh im Kalender vermerkt, überall in Deutschland lag noch Schnee und bis auf einige mutige Krokusse war nichts vom Frühling zu sehen gewesen. Der Süden zog uns umso magischer an.

Wir waren abends an die spanische Grenze gekommen und hatten von dort aus Mühe gehabt, das Ziel zu finden. Die Siedlung, in der sich das Appartementhaus befand, lag bei unserer Ankunft bereits in absoluter Dunkelheit. Keine Straßenlaterne, keine beleuchteten Einfahrten, selbst der Mond schien uns seine dunkle Seite zugewandt zu haben. Zwar dehnt und plustert sich in der Erinnerung alles auf, doch zwei Stunden Suche waren es unbedingt gewesen, bis wir schließlich vor dem mehrstöckigen Wohnsilo standen. Ein kräftiger Wind hatte uns wütend bis zur Eingangstür vor sich hergetrieben. Aber die Schlüssel passten. Dass der Aufzug nicht funktionierte, verschmerzten wir in diesem Moment, erleichtert, dass wir angekommen waren.

In den Zimmern war es kalt. Aber wir waren erschöpft von Fahrt und Suche, fielen ins Bett und hatten uns bald den klammen Bettüberwurf bis über beide Ohren gezogen. Und doch konnte ich nicht einschlafen. Der Wind drückte durch alle Ritzen und machte dabei ein Getöse, dass an Schlaf nicht zu denken war. Es klang anders als alles, was ich bisher kannte. Sicher, auch bei uns zu Hause kann ein heftiger Nord-Ost-

Wind mit Lärm und Spektakel daherkommen, doch dieser spanische Orkan, der vom Montgó-Gebirge herunterblies, schepperte und wütete gegen das Haus, das ihm auf seiner Reise offensichtlich im Weg stand. Und das ließ er mich spüren.

Irgendwann war ich doch eingeschlafen und es war fast Mittag, als ich von einem Rumpeln aufgeweckt wurde. Mein Freund war auf der Suche nach einer Wärmequelle und räumte in der Abstellkammer Balkonmöbel und andere Utensilien beiseite. Schließlich hob er fast verlegen einen Heizlüfter in die Höhe, der nicht viel größer war als ein DIN-A4-Blatt. Angesichts des Geräts war ich – nicht nur was die Heizleistung betraf – äußerst skeptisch, aber bei der Aussicht auf Wärme verbot sich jede Widerrede.

Nachdem ich sämtliche Pullover angezogen hatte, die eingepackt waren, wagte ich einen hoffnungsvollen Blick aus dem Fenster. *Ein Apartment mit Meerblick,* hatte der Reiseprospekt versprochen. Es konnte damit nicht die Aussicht vom Fenster gemeint sein, weil die sich auf gegenüberliegende Wohnblöcke richtete. Aber so schnell wollte ich nicht aufgeben und trat auf den kleinen Balkon. Mit einer halsbrecherischen Aktion gelang es mir schließlich, zwischen zwei Häuserriesen ein graues Fleckchen zu erspähen, bei dem es sich vermutlich um das aufgepeitschte Mittelmeer handelte.

Fast zum Eisblock gefroren versagte ich mir jeden Kommentar, auch weil wir uns entschlossen hatten, fürs Frühstück einkaufen zu gehen. *Muchas tiendas de comestibles*, hatte der Reisebürokaufmann erklärt, viele Lebensmittelgeschäfte, als wir über Einkaufsmöglichkeiten sprachen. Es sei alles da. Und natürlich waren sie da! Aber sie waren geschlossen. *Cerrado.* Alle Rollläden heruntergelassen. Und das, nachdem wir uns, vom aufgebrachten Wind geschoben, an den Hausmauern entlang, in Richtung Einkaufspassage begeben hatten.

Immerhin waren wir so weitsichtig gewesen, vor unserem kleinen Ausflug den Heizlüfter auf die höchste Stufe einzustellen.
So würden wir bei unserer Rückkehr ein warmes Zimmer vor-
finden. Das und die Aussicht auf einen Tee mit Zwieback ver-
söhnten mich ein wenig.

Das Apartment war so kalt, wie wir es verlassen hatten. Die
2000 Watt des Heizlüfters und das gleichzeitige Einschalten
des Warmwasserboilers mussten wohl das Stromnetz überlastet und die Sicherung ausgelöst haben. An sich ist es kein
Problem, einen Kippschalter nach oben zu drücken, aber der
Schaltkasten befand sich im Technikraum, der im Keller lag
und natürlich abgeschlossen war. *Cerrado.* Kein Strom, kein
warmes Wasser, kein Tee, keine Dusche, keine Heizung. Noch
immer warm eingepackt saßen wir uns schweigend gegenüber. Nicht lange, dann begannen wir, das wenige, was wir
ausgepackt hatten, wieder in den Koffer zu werfen, und fuhren,
ohne uns nochmals umzuschauen, ab. Wir fuhren bis zum
Abend, übernachteten in einer kleinen Pension in Frankreich
und reisten in der Frühe weiter. Unser Ziel – über das wir während der langen Fahrt ausführlich diskutiert hatten – war ein
kleines Kurbad am Fuße der Schwäbischen Alb. Dort, aus den
Tiefen des Muschelkalkbodens gespeist, sprudelt heißes Mi-
neralwasser. Genau das Richtige für uns nach einem Ausflug
ins kalte Spanien. Und doch war trotz beiderseitigem Zureden
die Enttäuschung über das verhinderte Abenteuer noch nicht
gewichen. Vielleicht im nächsten Jahr? An Pfingsten? So spe-
kulierten wir über künftige Pläne und hätten fast die Einfahrt
zum Parkplatz des Heilbads verpasst.

Wir hatten nach einem bitterkalten Winter die Wärme gesucht und sie nach einer langen Reise gefunden. Allerdings
nicht dort, wo wir gesucht hatten.

Mein Freund stupste mich an. Ich war über meinen Gedanken an das katalanische Erlebnis fest eingeschlafen. Damals wusste ich nicht, dass es keine weitere Fahrt mehr nach Spanien geben würde, denn im Sommer war Spanien zu heiß, im Frühling zu kalt und überhaupt war es zu *cerrado*. Das aber betrübt mich kein bisschen, habe ich doch in dem Mineral-Thermal-Heilbad einen Ort gefunden, der zu jeder Jahreszeit reinsten Genuss bietet. Milliarden Jahre alt die Welt unter sich, Millionen Liter herrlich frisches, warmes Wasser jeden Tag, Billionen Synapsen, die sich ohne Anstrengung entspannen, und ein Mensch, glücklich gestrandet im Herzen der Schwäbischen Alb.

Hermann Hesse
Urlaub im Schnee

Meine Frau, die immer gern in die Berge geht, hat mir zu
Weihnachten ein Paar Ski geschenkt und mich dadurch zur
Reise genötigt. Es war natürlich ein Danaergeschenk; denn
meine naive Meinung, zum Skilaufen gehöre nichts als ein
Paar solcher Hölzer, hat mich elend betrogen. Man braucht
nicht nur die Bretter und das Billett nach Graubünden, sondern man braucht Skistiefel, Skihosen, Skimützen, Skibril-
len, Ziegenhaarsocken und alles mögliche, was zusammen
eine Menge Geld kostet, und da meine Frau das alles auch
brauchte, hat sie mit ihrem Geschenk nicht übel abgeschnit-
ten …

Darin haben die Wintersportler recht: das Hochgebirg ist im
Winter beinahe schöner als im Sommer, und das Wetter ist
viel beständiger.

Wir haben denn auch, als wir hierherkamen, nur zwei Tage
an schrägen Halden geübt und uns an die Brettchen zu gewöh-
nen versucht, und sobald wir einen ordentlichen Hügel hin-
unterfahren konnten, ohne zu fallen, und sobald wir heraus-
hatten, wie man etwa in Notfällen bremsen kann, ließen wir
den Sport liegen und gingen unserm eigentlichen Ziele nach.
Auf unsrer ersten Tour kamen wir schon auf zweitausend Meter und waren sieben Stunden unterwegs, und seither freut
uns die Sache, und wir suchen die Gegend nach erreichbaren
schönen Höhen ab.

Dazu haben wir natürlich einen Führer mit und üben alle
Vorsicht, und viele Touren können wir mit unserer Anfänger-
kunst eben noch nicht machen, aber wir haben doch schon
eine Anzahl von schönen Wegen gemacht und Höhen erreicht,

wohin man im Winter ohne Schneeschuhe nicht kommen kann. Und das lohnt sich. Auf einer hohen Alp neben den bis ans Dach eingeschneiten Hütten zu stehen, wo acht Monate des Jahres kein Mensch hinkommt und wo viele Stunden weit nur Schneewildnis und weiße Einsamkeit ist, das ist unglaublich schön. Und dann ist es auch für Nichtsportleute eine merkwürdige Lust, weite Wege bergab bei gutem Schnee in erstaunlich kurzen Zeiten hinunterzupfeifen, über verwehte Bäche und gefrorene Sümpfe wegzugleiten wie über glatte Straßen und zwischen den Stämmen eines stillen, verschneiten Fichtenwaldes hin sich einen Weg zu suchen. Das Beste ist natürlich, wie bei allen Touren, das Erreichen eines schönen Zieles und die Rast. Wir haben in ganz eskimohaften Lagen unsre Suppe und unsern Tee gekocht, wobei ich es allerdings ohne die wunderbaren Ziegenhaarsocken nicht ausgehalten hätte.

Im Anfang ist es nicht ohne Mühen. Berganwärts über eisige Steinpfade außer dem Rucksack auch noch die zwei recht schweren Bretter auf dem Rücken mitzutragen und sie dann stundenlang an den Füßen zu haben, macht Beschwerde, bis man daran gewöhnt ist. Und wenn der Schnee zu weich oder zu eisig ist, macht das Ersteigen von steilen Hängen viel Arbeit. Im metertiefen Schnee hat man nach einem ungeschickten Fall oft fast eine Viertelstunde zu schaffen, bis man wieder sichtbar und aufrecht steht.

Es ist ein Föhn in der Luft, der noch nicht recht herauskommt, aber seit vorgestern in der Höhe herumdrückt und die sonderbarsten Spielereien treibt. Gestern vormittag habe ich auf einem Skiausflug dem eine Weile zugesehen und meine Freude daran gehabt wie ein Goldschmied an schönen Edelsteinen. Der Föhn ist doch das Schönste in den Bergen, wenn er auch Schnee und Wetter verdirbt! Ich bin viel unterwegs gewesen und habe viel Schönes und Tolles gesehen, aber die Lichter und Wolken von gestern haben mich überrascht, wie wenn ich zum erstenmal im Leben aus dem Hause und unter die Sehenswürdigkeiten der Natur käme.

Else Lasker-Schüler

Vögel beobachten

Gerade die unscheinbarsten liebe ich, die nicht entrinnen können dem Schneemann, dem es selbst manchmal ungemütlich
wird unter den Eiszapfen, die rücksichtslos von den kahlen
Ästen herab zu tröpfeln beginnen auf seinen empfindlichen
Kopf. Ich habe die einfachen Vögel in mein Herz geschlossen.
Schon als Kind streute ich ihnen von meinem Brot auf den
Wegen unseres Gartens. Ich besitze darum auch das volle Ver-
trauen der lieben, verängstigten Tiere, und es kommt nicht
selten vor, es legt mir so ein graubraun' Spätzchen, bevor es
zu frühstücken beginnt, ein schmuckes, winziges Herbstblatt
oder eine letzte Koralle auf mein Fensterbrett. Denn schräg
gegenüber steht ein wundervoller Ebereschenbaum. Ach ...
denke ich oft, besäße ich doch ein Fleckchen Erdreich – ich
pflanzte mir darauf einen ganzen Wald von lauter Ebereschen.
Sie tragen wie die Meerjungfrauen Korallen im grünen Haar.
Manchmal nascht eine der jugendlichen Schwarzdrosseln
schon im Vorsommer hinter dem Rücken der Eltern einen
Tropfen rosigen Likörs aus der kaum aufgeblühten Korallen-
blume. Nur eine einzige Schwarzdrossel zwischen den glühenden Dolden auf dem Zweig, zwischen den roten Beeren sitzen
zu sehen, gehört zum Ausnahmeglück des Novembers. Den
kleinen Kelch mit dem delikaten Tropfen im Schnabel, fühlt
sich der schwelgende Vogel und Zecher in seinem Element. Er
schlürft den leckeren Brunnen der Beere bis zur Neige aus;
zwar manchmal etwas zu durstig, als fehle ihm die Kinderstu-
be, aber immerhin doch mit angeborener Grazie. Daß überhaupt jede Frucht einen Brunnen repräsentiert – diese Weis-
heit danke ich inbrünstig den Vögeln. Man kann in vieler

Beziehung mannigfaltig von ihnen lernen. Namentlich von denen, die hier überwintern; praktisch sind sie geworden und bedeutend umsichtiger als die, die diese Welt Welt sein lassen, um sich vorübergehend in eine ewig-sommerliche zu plazieren. Schon im Orientflug nach Afrika wächst der Reisegesellschaft das Mannah in den Schnabel. Nicht ganz ohne Erbitterung bekritteln in Zwitschertönen – in aller Herrgottsfrüh – die zurückgelassenen Vögel ihre von der Welt bevorzugten Brüder und beflügelten Schwestern, die ausgerückte Verwandtschaft. Denn die Nester, schon im Frühjahr gebaut, haben Schaden erlitten, Feuchtigkeit dringt durch die Böden und die Halme beginnen sich zu spalten. »Friert ihr auch nicht, meine Piepmätze?« fragt die Vogelmama ihr Zwillingspaar, das nicht rechtzeitig fliegen lernen wollte, hilflos nach Würmern bettelt. Sie hat sie beide vom ersten Tag an etwas zu sehr verwöhnt – ratlos nun, wo die zarten Braten hernehmen. Die Erde ist wie der See und der Fluß zugefroren, die Kirschbäume ganz verschneit; kein süßer Kern weit und breit. »Da soll man nun den Schnabel halten!« Außerdem die drohenden herannahenden Schwarzwolken im Westen. Hoffnungslos trauert der Vogel dem Sommer nach im Kreise seiner Familie im Schnee. Nur der Spatz, der kecke, gewachsen den eisheiligen Monaten, abgehärtet und gewissermaßen Asket, überhüpft die kältesten Grade des Thermometers, wie dieser gleichgültig, aber auf höheren Befehl von der Temperatur selbst verschont, pflichtgetreu die wechselnden Witterungen zu buchen sich bemüht. Er hat Quecksilber im Leibe. Ihn ärgert es ja heute nicht mehr sehr, aber es empörte ihn damals sogar, kaum gehobelt von des Meisters Hand, daß die ganze Menschheit auf ihn blickte. Als ob es nicht noch ganz andere Wettererstatter gäbe als er: Der Frosch! Heute – aufgehängt vor meinem Fenster, lassen ihn die Gewohnheiten der Menschen und ihre Interessen ziemlich kalt. Eine Kohlmeise fragte ihn schüchtern, ob ihm der Winter nichts ausmache. »I wo«, meinte der Thermometer, »ich bin eben aus Holz, und Holz ist Holz. Die künstliche Glasader, die meinen Körper spaltet, zwischen Reaumur und Celsius, schert mich wenig.« Nach einer Weile hörte ich, wie er zur kleinen Kohlmeise sagte: »Klimpere mal mit deinem Schnäbelchen ein bißchen an meiner Ladenscheibe.« Und dann verwünschte er die – »Bräche sie doch, wolle der Frost, in Splitter!« Er langweilt mich, dachte die anmutige Kohlmeise, noch obendrein von dem hölzernen Patron gar mit einer hämmernden Spechtin verwechselt zu werden, die an jedem Baumstamm neugierig anzupochen pflegt und die Früchte, kaum eingeschlummert, jeden Abend aufweckt. Und aus ihren einsamen, schwärmerischen Zwitschertönen entnahm ich den begabten, unter den Mitvögeln preisgekrönten Vers:

> Wär doch der Winter bald vorüber …
> Ich mag den Sommer viel viel lieber.

Der Spatz hackte in seinen Krumen unmanierlich herum, daß das Mehl die Fensterscheibe umnebelte, und es empörte ebenso wie mich auch meine Vogelfreunde, die Krähe vor allem, aber auch nicht minder den Star, die feinfühlenden Töchter der Drossel. Zu guter Letzt die von der Kohlmeise geringgeschätzte Vogelfamilie Specht. Zum erstenmal sah ich den lebhaften Vogel ganz in der Nähe von Angesicht zu Angesicht. Ich hätte den Vergleich mit dem entzückenden Tiere ausgehalten und es, nicht wie die Kohlmeise – allerdings in Schangschang verkleidet – dem Thermometer verübelt. Auch zwei Turteltauben nahten, aus ihrem Taubenschlag entflogen. Ihre roten Guckaugen hatten sie sich wahrscheinlich im

Herbst vom Ebereschenbaum gepflückt. »Mit welcher Selbstverständlichkeit der kleinste unter ihnen, der Frechdachs von Spatz, sich über die delikaten Auslagen auf meinem Fensterbrett hermacht«, ertönte eine Stimme. Er beleidigte meine gesamten Gäste. Nicht eine Korinthe im Weizen gönnte er den von mir ebenfalls Geladenen. Ich aber mußte doch heimlich über Spätzlein lachen, nicht ohne der rügenden Schar bescheidene Zurückhaltung und Tournüre zu bewundern. Die kommen nur noch ab und zu oder auf meinen dringenden einladenden Pfiff angeflogen, denn sie legen keinen Wert darauf, an jedem neu von ihrem lieben Gott geschaffenen Morgen dem unwürdigen, federspritzenden Krumenkampf ausgesetzt zu sein. Dem Spatz ist diese Überspanntheit zu hoch! Kugelrund ist er geworden. Wohlerzogen verzichten seine Vettern und vornehmen Basen auf das von mir servierte Frühstück. Unkundige Beobachter legen den geduldigen, artigen Vogelarten die unedle Eigenschaft, die sich Feigheit nennt, zur Last. Nimmermehr fürchtet der noch dazu weit größer gestaltete Vogel sich vor dem Liliput, wenn's auch von Beruf ein richtiger Straßenräuber ist. Im Gegenteil, sie erkennen in ihrem Gerechtigkeitssinn des Spatzes Unerschrockenheit sogar mit einiger Besorgnis an, wagt er sich bis auf die Tramschienen, den Hafer aus einem zerquetschten, goldenen Kloß zu picken. Adeligen Gemüts tritt die ernste, geheimnisvolle Drossel im schwarzen Einsegnungsfederkleid aus dem Gebüsch hervor. Sie fand ihr Lieblingsgericht und verspeist das Insekt, immer wieder dankend emporblickend. Nie vergißt sie ihr Gebet. Auch weicht sie von ihrer Scholle nicht; alteingesessenes Vogelgeschlecht. Die nach dem Süden ziehen, verzichten. Nehmen sich aber der Adoption, gleich welcher Waisenvögelarten, an. So sah ich mal in einem Neste zwischen junger Krähenbrut eine Amsel ihr Köpfchen recken. Ich habe gerne in die Nester geschaut. Auch besaß ich selbst einen wunderbar schönen Vogel. Der Händler nannte ihn: den Unvergleichlichen. Mit den Farben des Regenbogens schien er bemalt, bevor er in die Wolken der Welt gesandt. Ich hielt ihn in seinem Käfig wie auf dem Samt eines Etuis. Und stellte ihn gerne in die liebreiche Obhut der Goldmutter mitten in ihrem Schutz. Meiner Allzuvertrauensseligkeit aber fiel mein unvergleichlich fürstlicher Vogel zum Opfer. Tot fand ich ihn am Abend, verbrannt auf dem Boden hinter dem Gitter liegen; der Strahl des Köchers stak ihm noch im Herzen. Da weinte ich sehr … Nimmermehr werde ich einen Vogel gefangennehmen, auch nicht weiter gefangenhalten. Nie ihn von seiner umsichtigen, allwissenden Natur brechen und – verzeih mir's Gott unser guter Schöpfer – ihn in einen Käfig sperren. Auch weiß ein Vogel immer am besten, was ihm bekommt.

Aude Le Corff
Vorlesen

Es gab eine Zeit, da kam Anatole pfeifend zu Fuß oder auf dem Fahrrad die Straße herauf. Heute wirkt sie auf ihn wie ein mit Steinen und Wurzeln übersäter Hochgebirgsweg. Er schimpft über die von gelben Mülltonnen blockierten engen Bürgersteige. Vor jedem Hindernis wirft er wütende Blicke nach links und rechts, sucht vergeblich einen Nachbarn oder Passanten, mit dem er seinen Ärger teilen könnte. Aber schon lange interessiert sich niemand mehr für ihn. […]

Endlich zu Hause. Was ein angenehmer Spaziergang mit einem Besuch beim Bäcker werden sollte, war heute ein Gewaltmarsch. Die Tage, an denen er seinen hageren Körper nur mit großer Mühe bewegen kann, werden immer häufiger. Mit dem frischen Baguette und der Zeitung unter dem Arm betritt er den Garten vor dem Mehrfamilienhaus und streift die duftenden Blätter einer Kletterrose. Eine weiße Katze rekelt sich im Gras und hebt gemächlich den Kopf, als er vorbeigeht. Sie schnuppert die warme Luft und lauscht, geblendet von der Sonne, seinen Schritten.

Anatole folgt dem mit grauen Schieferplatten gepflasterten Weg.

Unter der Birke sitzt ein Mädchen an den Stamm gelehnt und liest so vertieft in einem Kinderbuch, dass es ihn nicht bemerkt.

Jeden Tag fragt sich Anatole, was sie dort unter der Birke tut. Woran denkt sie, wenn sie selbstversunken vor und zurück schaukelt? Was erzählt sie den Ameisen mit so betrübter Miene? Und was lockt die Katzen zu ihr? Spüren sie ihre offensichtliche Traurigkeit?

Ein seltsames Mädchen. Ihre einzigen Freunde sind Katzen, Ameisen und Bücher. Nie lacht sie. Die Kleine ist viel zu ernst. Dass ein klappriger Alter wie er seine Tage mit Lesen und Grübeln verbringt, kann man ja verstehen, aber bei ihr ist es pure Zeitverschwendung. […]

Anatole seufzt. Ein Leben am Lehrerpult, erklären, scherzen, zuhören, korrigieren, ein Leben lang geduldig die Liebe zur Literatur vermitteln, oft genug ins Leere, und das alles, um allein vor dem Fernseher zu enden.

Und nun plötzlich, da er nichts mehr erwartet, setzt sich ein kleines Mädchen unter die Birke und fängt an, mit den Katzen, dem Wind und den Wolken zu sprechen.

Er läuft durchs Zimmer, auf der Suche nach einer Idee. Sein Blick fällt auf den Schnitt eines großen illustrierten Buches. Natürlich! Warum ist er nicht früher darauf gekommen? Jetzt weiß er, woran ihn das kleine Mädchen erinnert. Anatole mustert den Einband: ein winziger Planet, Vulkankrater, eine Rose und ein blonder Junge inmitten der Sterne, blaue, verträumte Augen, sein im Wind wehendes Halstuch.

Er drückt das Buch an sich und geht, ohne noch einmal die Jacke anzuziehen, geradezu beschwingt die Treppe wieder hinunter. Im Garten zögert er erneut, das viel zu ernste Kind anzusprechen, das mit einem Stock Furchen für die Ameisen zieht.

Dann nimmt er seinen ganzen Mut zusammen, geht zu ihr und begrüßt sie mit zugeschnürter Kehle:

»Guten Tag. Ich wohne unter euch, im ersten Stock, ich glaube, wir haben uns schon mal getroffen.«

Sie nickt überrascht. Dann wandert ihr Blick zu dem Buch.

»Kennst du das?«, fragt der Alte.

»*Der Kleine Prinz*«, antwortet sie wie aus der Pistole geschossen.

»Hast du es gelesen?«

Sie schüttelt den Kopf.

»Ich habe bei meiner Cousine die Bilder gesehen, als ich klein war. Ich erinnere mich an einen Jungen, der ganz allein auf seinem Planeten wohnt.«

»Ich sollte mich besser nicht neben dich setzen, sonst kann ich nachher vielleicht nicht wieder aufstehen. Aber wenn du willst, kann ich es dir auf der Bank vorlesen.«

Sie zögert einen Moment. Dann sammelt sie rasch ihre Bücher zusammen und klopft ihre Hose ab. Anatole beobachtet die beiden Katzen neben ihr, die beunruhigt ihren Bewegungen folgen. Er wird sich keine Freunde machen.

»Wie heißt du?«

»Manon. Und Sie?«

»Anatole.«

»Ein Junge in meiner Klasse heißt auch so.«

Er lächelt.

»Anscheinend kommen die alten Namen wieder in Mode.«

Das Mädchen folgt ihm durch den Garten. An der Mauer duftet Flieder. Die mit der Zeit verblichene Holzbank vor den alten Steinen und dem blühenden Strauch scheint auf sie zu warten. Manon setzt sich neben den alten Mann, der sich ungelenk wie ein Roboter niedergelassen hat. Sie wahrt einen gehörigen Abstand, um seinen alterssteifen Arm nicht zu berühren, und beobachtet ihn aus dem Augenwinkel: Seit Monaten ist es das erste Mal, dass jemand ihr Interesse weckt. Es ist auch das erste Mal, dass ihr jemand etwas vorlesen möchte. Anatole räuspert sich und streicht mit seinen faltigen Fingern über den Einband. »Also dann«, sagt er und schlägt die erste Seite auf. Doch Manon unterbricht ihn, noch bevor er mit dem Lesen begonnen hat. Sie möchte gern mehr über den Alten erfahren. Bisher hat sie ihn immer nur schimpfen gehört. Sie fragt, was er gemacht hat, bevor er alt war.

Er lächelt unwillkürlich. Sein weißes Haar ist zu dünn gesät, um die braunen Flecken auf dem Schädel zu verstecken, und seine Stirn so runzlig wie die Rinde eines Rot-Ahorns. Während er die an einer Kordel hängende Brille aufsetzt, erklärt er, dass er Französischlehrer gewesen sei. Sie denkt einen Moment nach und fragt, ob er streng war.

Anatole spürt die Sorge hinter der Frage. Er möchte Manon gern beruhigen und taucht tief in seine Erinnerungen ein: Er sieht sich, wie er mitten im Winter mit lauter Stimme undisziplinierte Schüler hinaus auf den eisigen Hof schickt und ihnen verbietet, wieder reinzukommen, bevor die Kälte sie zur Vernunft gebracht habe. Dann antwortet er etwas unbehaglich: »Nicht so sehr, nein.« Manons Gesicht entspannt sich.

Nun endlich richtet sie ihre Aufmerksamkeit auf die Illustration der ersten Seite, einen verbeulten braunen Hut. Der Autor, Antoine de Saint-Exupéry, war ein Erwachsener, der nie vergessen hat, dass er ein Kind war, bevor er erwachsen wurde. In einer Welt voller Kriege und Enttäuschungen, in einer Welt, wo Fantasie von einem gewissen Alter an nicht mehr gefragt war, blieb er immer ein bisschen Kind. Er trug immer diese Zeichnung bei sich, die er als kleiner Junge gemacht hatte und die niemand deuten konnte: Was aussieht wie ein unförmiger Hut, dessen Rand auf der einen Seite viel länger ist als auf der anderen, stellt in Wirklichkeit eine Boa da, die einen Elefanten verdaut.

Anatole freut sich, dass er Manon ein kleines Lachen entlockt. Der Zeichner des Hutes, der keiner ist, verlor den Mut. Die Großen, die nichts begriffen, empfahlen ihm, sich lieber für Geografie, Rechnen und Grammatik zu interessieren. Also gab er seine Laufbahn als Maler auf und wurde Pilot.

Aber er fühlte sich immer einsam. Bis zu einer Panne, die ihn eines Tages zwang, in der Sahara zu landen. Am nächsten Morgen kam ein seltsamer Junge mit einem ungewöhnlichen Wunsch zu ihm:

»Bitte … zeichne mir ein Schaf.«

Die tiefe, ruhige Stimme des Lehrers betont jede Silbe, wie ein Theaterschauspieler. Manon hängt an seinen Lippen. Als der Pilot das Einzige zeichnet, was er kann, nämlich einen zerbeulten Hut, und der blonde Junge ruft: »Nein! Ich will keinen Elefanten in einer Boa, ich brauche ein Schaf«, unterbricht ihn das Mädchen aufgeregt: »Er ist der Erste, der es versteht!« Anatole räuspert sich und liest weiter. Eine Katze schmiegt sich an Manons Beine, sie streichelt sie, ohne das Buch aus den Augen zu lassen. Anatole verbirgt seine Verwunderung darüber, dass sie dem schnurrenden Tier zweimal über den Kopf und fünfmal über den Rücken streicht und diese Bewegungen unablässig wiederholt.

Manon erfährt, dass der Kleine Prinz von einem Planeten kommt, der nicht größer als ein Haus ist und auf dem es drei Vulkane gibt, die er jeden Tag putzt. Das Schaf, das er sich wünscht, soll die Affenbrotbäume fressen, die seinen Planeten bedrohen. Der Kleine Prinz hat eine Rose zurückgelassen, die ihm sehr fehlt, die einzige, die es geschafft hat, bei ihm zu wachsen. Diese Blume ist der Mittelpunkt seines Lebens. Aber sie war zu anspruchsvoll, weshalb er weggefahren ist, um andere Welten zu erkunden.

Manon ist verzaubert. Aber es wird spät: Anatoles Abendessen beginnt Punkt neunzehn Uhr. Er klappt das Buch zu. Als ihn seine kleine Nachbarin enttäuscht ansieht, schlägt er ihr vor, am nächsten Tag nach der Schule weiterzulesen. Ihre Wangen röten sich, während sie nickt und ein Lächeln andeutet.

Eva Demski
Ein Wein voller Weine

Der verlangt einiges, so wie er da steht, das sieht man gleich. Wie lang ist es her, daß ich mir sowas habe gefallen lassen? Egal. Ich bin jedenfalls in den Keller gegangen und habe die Karaffe mit dem dicken Bauch gesucht und diese blöden Gläser, die nicht in die Spülmaschine passen. Man hat ja alles. Man braucht es bloß nicht. Schon fängt die Sache an, nach Auserwähltheit zu riechen, nach Zelebrierung, nach Sekte. Sachte sträubt sich mein Fell.

Er hört auf den Namen *Mazy – Chambertin Grand Cru* und kommt aus dem Burgund, von der Domaine Armand Rousseau. Geboren ist er 1993, das war das Jahr, in dem ich mit dem Weißweintrinken aufgehört habe. Weißwein war das Getränk meiner Mutter, wir tranken zusammen Weißwein bis zu ihrem plötzlichen Tod im Dezember 92, wir mochten die gleichen Weine. Ohne sie schmeckte er mir nicht mehr. Mir wurde schlecht davon, und nervös war ich sowieso. Plötzlich verstand ich das böse kleine Verslein der österreichischen Kaiserin Elisabeth, genannt Sisi – *Für mich keine Liebe / Für mich keinen Wein / Die eine macht übel / Der andere macht spein.*

Indessen habe ich den Burgunder aus der Flasche mit dem altmodischen Etikett langsam in die Karaffe laufen lassen. Am Flaschenboden bleibt dunkler Satz zurück. Ich halte die Karaffe gegen das Licht. Sonderbare Farbe. Wie Herbstblätter. Er ist nicht *hell und klar*, wie seine jüngeren Nachfolger im Internet beschrieben werden. Er riecht auch nicht nach Johannisbeeren. Wie er riecht, weiß ich noch nicht genau. Weinbeschreibungen sind, Geschmack und Geruch begreiflich machen wollend, meistens sehr komisch.

In einem Hofladen irgendwo in der Nähe von Neustadt in der Pfalz habe ich damals ein paar Flaschen simplen Biorotwein gekauft, denn wenn man schon elternlos ist, will man nicht auf Dauer auch noch weinlos bleiben, zumal, wenn man aus einer Winzersippe stammt. Und der harmlose Dornfelder erwies sich als Segen, ein wärmendes Deckchen, das sich über meine Unruhe und Traurigkeit legte. Schlafen konnte ich auch wieder. Nie zuvor hatte ich mir etwas aus Rotwein gemacht, obwohl meine Urgroßmutter eine *bordelaise* gewesen war. Man hatte damals sehr umsichtig geheiratet, die Rotweinfrau aus Bordeaux den Rieslingmann vom Rhein.

Jetzt habe ich das erste Glas vom Burgunder eingeschenkt, ich lasse ihn ein bißchen kreisen, mein Weinkennerfreund Dr. P. würde jetzt seine Nase ins Glas halten, dann schlürfen und ziepschen und wälzen und kauen und schlabbern, es wäre ein schreckliches Getöse. Ich trinke einfach und warte. Er schmeckt irgendwie braun.

Bordeauxweine mag ich nicht. Ich mag überhaupt offenbar das nicht, was man *große Weine* nennt. Wie oft habe ich, um Gastgeber nicht zu enttäuschen, die gängige Genußprosa von mir gegeben und mir als Gegenleistung sterbenslangweilige Geschichten über Fundort, Entdeckung, Erwerb, Verkostung und sonstige Weinfolklore angehört. Vor allem Rotwein setzt in vielen Menschen die Angebermaschinerie in Gang, weiß der Himmel, warum. Selbst über Geld reden sie in dem Zusammenhang ungeniert.

Jetzt bin ich beim zweiten Glas und versuche, dem Geschmack auf die Schliche zu kommen. Dunkle, etwas matschige Brombeeren. Die Farbe *Braun* fällt mir aber immer wieder ein, etwas Herbstliches, nicht mehr Vitales legt sich mir auf die Zunge. Kann man Alter trinken? Macht einen das jünger? Burgunder *macht* etwas mit einem, hat Sch. gesagt. Daran muß ich jetzt denken, obwohl er es sicher anders gemeint hat.

Meine Winzersippe in Rheinhessen gibt es schon lang nicht mehr. Sie waren allesamt ungestüm feiernde, leidenschaftliche und unernste Menschen, temperamentvoll und bezaubernd. Meine Mutter, die ihr entstammte, wünschte sich zeit ihres Lebens etwas von diesem leichten Binger Blut. Das hatte sie nicht geerbt. Nur die Kurzlebigkeit all dieser wunderbaren Leute, meiner Mutter gelang es als Einziger, wenigstens die sechzig zu überschreiten.

Ich weiß gar nicht, ob sie dort überhaupt Rotwein anbauten. Der kam damals aus Ingelheim oder von der Ahr und sollte bei unerfülltem Kinderwunsch helfen.

Mein Onkel Battist behauptete, daß das klappe. Man müsse die Frauen nur für ein Wochenende zum Rotweintrinken dorthin schicken. Die Winzer würden schon für Erfolg sorgen. Damals wußte ich nicht, wovon die Rede war. Aber Wein kannte ich, den weißen, der in der grünen Flasche ohne Etikett oder gleich im Glaskrug auf dem Tisch stand. Ein Schluck kann dem Kind nichts schaden. Daß ich von Anfang an keinen süßen Wein mochte, gefiel der Sippe. Die wird's zu was bringen!

Das Glas ist leer, ich fülle es wieder, der dunkle Spiegel in der Karaffe ist gesunken. Ein bißchen warmes Brot mit Salz wäre jetzt nicht verkehrt. Der Burgunder schmeckt ernst und gravitätisch, kommt aber in meinem Inneren mit einer gewissen Fröhlichkeit an. Und er holt eine Menge Rotweinerinnerungen zurück, Erinnerungen an seine einfachen, volkstümlichen Brüder, im Schwäbischen, im Badischen, in Frankreich, Italien, Rumänien, Ungarn, ja, sogar in Thailand. In diesen Erinnerungen kommen keine *sommeliers* vor, sondern dicke Wirte mit Schweiß auf den Backen und dreckigen Schürzen. Oder dünne, dunkle Zigeuner. Oder alte Frauen mit Steingutkrügen.

Wie schön, ein Wein, der mir sonst wahrscheinlich nicht begegnet wäre und der noch immer fremd schmeckt, erzählt mir Geschichten von seinen armen Verwandten!

Joachim Fest hat einmal zu mir gesagt, wer deutschen Rotwein trinke, könne nicht als kultiviert gelten. Ich habe nichts geantwortet. Für ein Weinselbstbewußtsein war ich damals noch zu jung, es ist wie bei der bildenden Kunst: Wenn man nichts mit den angepriesenen Dingen anfangen kann, fühlt man sich inferior und schuldig und plappert lieber jeden Unsinn nach, als sein Unverständnis fröhlich zuzugeben.

Mein Weinkennerfreund Dr. P. duldet milde lächelnd, wenn ich mich in die Weinniederungen begebe.

Ach, Südtirol, sagt er dann. Oder: Zu dem müssen Sie doch nicht auch noch Wasser trinken!

Er gehört zu den Menschen, die sehr exklusive Weinproben besuchen und in normalen Lokalen lieber Bier bestellen. Müßte er zu sich nehmen, was mir das Leben leichter und schöner macht, würde er verzweifeln. Allerdings bleibt ihm nicht verborgen, wieviel Lug und Trug in der Welt der edlen Kreszenzen zu finden ist. Darüber kann er so spannend erzählen wie über Seeschlachten oder Schopenhauer. Manchmal veranstaltet er selber Weinproben, bei sich daheim. Ich gehe da sehr gern hin und bringe mir ein harmloses Fläschchen mit, damit ich den Kennern die Juwelen nicht versehentlich wegtrinke. Ich höre neugierig zu, wenn die Herren über die Weine reden, über Lagen, Domänen und Jahrgänge, über Abgang und allerlei Noten, über schwarze und rote Früchte, Holz, Schokolade, über Leder und Pfirsiche, ein ganzes Universum olfaktorischer Behauptungen blüht auf und schwingt durch den Raum. Dies ist Weinpoesie, keine Folklore und keine

Angeberei. Sie können das alle gut, die Freunde des Herrn Dr. P.

Es ist aber auch schön, allein mit einem Wein, meinethalben diesem sonderbar erwachsenen Burgunder zu sein und sich ihm ganz ohne Geschmacksassoziationen zu überlassen. Ich finde zwischendurch, daß er schmeckt, wie es riecht, wenn man einen Schrank aufmacht, in dem altes Silberzeug steht.

Vielleicht ist es indessen ein bißchen viel Wein, die Erinnerungen fliegen mir um die Ohren, und daß mir so oft Wein beim Heimtransport gestorben ist, fällt mir ausgerechnet jetzt ein. Dem fremden Burgunder gelingt es, alle wieder auferstehen zu lassen, den Roten aus Elba, den aus Cetate, den aus Lourmarin. Mit heimnehmen hatten sie sich nie lassen, kaum waren sie über die Grenze gelangt, hatten sie ihre Seele ausgehaucht.

Sogar an die Weißweine der Vergangenheit kann ich wieder ohne Traurigkeit denken.

A wine full of wines – so hätte Signora F. gesagt, ihr Lob über ein Buch lautete nämlich so: *A book full of books.*

Die Karaffe ist fast leer. Zeit, sich zu verabschieden vom Burgunder, der mit mir etwas *gemacht* hat, was sonst nur Musik oder Bücher können. Er war wie jemand, den man nur einmal im Leben gesehen hat, aber nicht vergessen wird. Ein bißchen anstrengend, dieser Fremde. Aber er hinterläßt eine große Freude aufs Alltägliche, und das ist nun wirklich eine Kunst.

Ellen Dunne

Wie der Wind

Der Wind und ich, das war keine Liebe auf den ersten Blick.
Direkt am nördlichen Rocksaum der Alpen, woher ich komme, fiel er als Südföhn über den Rücken des Tennengebirges
regelmäßig in unser Tal und stürzte es ins Chaos. Vor allem
im Winter. Dann wurde unser Ort zu einem rechten »Windloch«. Den von uns Kindern so lange herbeigesehnten Schnee
der Vorweihnachtszeit verwandelte er pünktlich zum Fest in
freudlosen Matsch, brachte den Regen oder leckte in seinem
unersättlichen Hunger gleich alle Schneereste auf. Ein Phä-
nomen mit eigenem Namen: Weihnachtstauwetter. Der Föhn
wirbelte die Jahreszeiten durcheinander und auch die Menschen. Sie wurden fahrig und nervös vom tagelangen Kopf-
weh oder reihten sich ein in die Unfallstatistik.
Wir lebten in einem im norddeutschen Stil erbauten Haus
aus den 1920ern. Zwei Stockwerke und darauf noch ein spit-
zer Giebel, kein Vordach, kein mit Blumen überladener Balkon, keine verspielten Ornamente in den Fensterläden. Wie
ein nüchterner Hanseate ragte es aus der Schar der alpenlän-
disch gedrungenen Häuser. Es duckte sich nicht, sondern
reckte sich dem Wind entgegen. Die Böen erzeugten dann
ein sekundenlanges monotones Pfeifen in den oberen Zimmern unter dem Dach, das nie jemand erklären oder besei-
tigen konnte, und die Fensterläden rüttelten und zitterten dazu in ihren Halterungen. Ein mir unheimliches Geräusch, vor
allem in den Nächten. Nur unser Haus schien darin zu schwelgen wie in einer Erinnerung an den Norden, seine ferne,
architektonische Heimat. Inzwischen interpretiere ich es zumindest so. Damals war der Föhn mein Feind, und ich trium-

phierte, wann immer er endlich zusammenbrach und kapitulierte.

Seit 15 Jahren lebe ich noch nördlicher als an der Nordsee, in einer Kleinstadt an der irischen Ostküste. Hier ist der Wind nie warm. Bestenfalls frisch. Er ist wie eine Art grobmotorischer Mitbewohner. Ständig irgendwo präsent, ziemlich launisch, spielt kindische Streiche und bringt gerne alles in Unordnung. Liegt einem in den Ohren, wartet hinter der nächsten Ecke, um einen anzurempeln, zu beißen und zu zwicken. Am liebsten, wenn man vom Friseur kommt. Zwischen Oktober und April plustert er sich gerne auf zu einem Sturm oder gar zum Orkan. Ausnahmslos jeden August, in meiner alten Heimat eine Zeit von Nachtschweiß und Hundstagen, kühlt er ab zu einem ersten schneidenden Gruß vom Herbst. Und wenn sich in der üblichen stabilen Schönwetterperiode im Frühling die halbe Insel in der Sonne aalt, schickt die Irische See einen feuchtkalten Luftzug über das Wasser. Dann löst sich mein in zahlreichen Mittelmeer-Urlauben geformtes Verständnis von *Meeresbrise* in Gänsehaut auf. Auch sie hat natürlich einen Namen: Onshore Breeze.

Am Anfang haderte ich und fröstelte. Zog mich verschnupft in Häuser und Pubs zurück, setzte mich dieser klimatischen Zumutung so wenig wie möglich aus. Natürlich war meinem neuen, temperamentvollen Begleiter mit Ablehnung nicht beizukommen. Langsam, ganz langsam begann ich mich für ihn zu interessieren. Einfach, weil er so gut wie immer da war.

Der Tag, an dem ich Frieden mit dem Wind schloss, ist mir noch heute gut im Gedächtnis. Ein verspäteter Wintersturm, ungewöhnlich für Ende April. Heute gibt das meteorologische Institut jedem dieser Sturmtiefs einen Namen aus, zu jener Zeit war man knausriger. Anonym, mit viel Wut und Regen im Bauch zog das Wetter heran, reagierte sich ein ganzes

Wochenende lang ab an unserer Insel. Wer keinen Hund besaß, verließ auch nicht das Haus, so meine Meinung.

Ausgerechnet in der Zeit hatten wir Besuch von einer engen Freundin aus Österreich. Kostbare drei Tage hatte sie sich freigenommen von Arbeit und Familie, um uns zu besuchen, und jetzt sollte und wollte sie etwas sehen – etwas typisch Irisches. Und etwas typisch Irisches bekam sie.

In Regenjacken und Wanderschuhen machten wir uns auf in den Sturm, zur Promenade zwischen Dun Laoghaire und Glasthule direkt an der Küste. Zurück kamen wir mit tropfnassen Jeans, zerzausten Haaren, die Haut prickelnd vom feinen irischen Regen, den uns der Sturm ins Gesicht schleuderte wie Sand. Wir waren durchnässt, durchgeblasen, lebendig, euphorisch.

Seitdem sehe ich den Wind mit anderen Augen. Mein unsichtbarer Feind ist zu einem alten Bekannten geworden, so viel interessanter als angenommen, und endlich schenke ich ihm meine volle Aufmerksamkeit. Schließe den ohnehin sinnlosen Regenschirm und setze mich dem Wind aus. Freue mich ihn zu sehen, und wie er die Welt in Bewegung hält, uns allen etwas von seiner unendlichen Energie abgibt. Seine Abwesenheit fällt mir sofort auf. Ohne ihn wird unsere Insel still und in sich gekehrt. Es wird neblig, dunstig. Und wenn es Regen gibt, dann fällt er einfach nur. Zum Glück kommt das sehr selten vor.

Am meisten genieße ich den Wind im Herbst. Sehe dabei zu, wie er die Bäume zum Swing auffordert und die Blätter aus ihrem statischen Leben reißt und hinaus auf den Tanzboden, ihnen noch einmal Beine macht, bevor sie sich in einer Ecke zur Ruhe setzen. Manche von ihnen schwingen sich in bisher ungeahnte Höhen auf, schaffen es noch einmal so weit hinaus über den eigenen Horizont. Man schaut ihnen hinterher und teilt plötzlich so viel mit ihnen. Weil es oft nicht viel mehr zu tun gibt, als sich fallen und mitreißen und tragen zu lassen. Zu neuen Ufern. Zur nächsten Jahreszeit. Zur nächsten Station.

An einem stürmischen Tag nimmt der Unsichtbare sogar selbst Gestalt an. Man muss dazu nur auf eine Anhöhe. Vom Howth Head aus oder Killiney Hill oder von einem der östlichen Gipfel der Wicklow Mountains betrachtet, gibt er sich zu erkennen. Zeichnet sich ganz klar ab auf der Dublin Bay, ritzt seine Stromlinien in jeden See und provoziert das Meer, bis es schäumt.

Dann recke ich ihm mein Gesicht entgegen, höre seinem Rauschen in meinem Ohr zu, schwelge in Erinnerung an seinen hitzigen Verwandten vom nördlichen Alpenhauptkamm. Hoffe auf einen Besuch, bei dem er Föhnsturm bläst, damit ich in dieses Windloch fast am Ende des Salzachtales fahren kann, und *Hallo* sagen.

Hallo, werde ich sagen. *Kennen wir uns schon?*

Hermann Hesse

Yearning tanzen

Ich tanzte zwei Stunden oder länger immerzu, jeden Tanz, auch Tänze, die ich nie gelernt hatte. [...]
Ein Erlebnis, das mir in fünfzig Jahren unbekannt geblieben war, obwohl jeder Backfisch und Student es kennt, wurde mir in dieser Ballnacht zuteil: das Erlebnis des Festes, der Rausch der Festgemeinschaft, das Geheimnis vom Untergang der Person in der Menge, von der Unio mystica der Freude. Oft hatte ich davon sprechen hören, jeder Dienstmagd war es bekannt, und oft hatte ich das Leuchten im Auge der Erzählenden gesehen und hatte immer halb überlegen, halb neidisch dazu gelächelt. Jenes Strahlen in den trunkenen Augen eines Entrückten, eines von sich selbst Erlösten, jenes Lächeln und halb irre Versunkensein dessen, der im Rausch der Gemeinschaft aufgeht, hatte ich hundertmal im Leben an edlen und an gemeinen Beispielen gesehen, an besoffenen Rekruten und Matrosen ebenso wie an großen Künstlern, etwa im Enthusiasmus festlicher Aufführungen, und nicht minder an jungen Soldaten, die in den Krieg zogen, und noch in jüngster Zeit hatte ich dies Strahlen und Lächeln des glücklich Entrückten bewundert, geliebt, bespöttelt und beneidet an meinem Freunde Pablo, wenn er selig im Rausch des Musizierens im Orchester über seinem Saxophon hing oder dem Dirigenten, dem Trommler, dem Mann mit dem Banjo zuschaute, entzückt, ekstatisch. Solch ein Lächeln, solch ein kindhaftes Strahlen, hatte ich zuweilen gedacht, sei nur ganz jungen Menschen möglich oder solchen Völkern, die sich keine starke Individuation und Differenzierung der einzelnen gestatteten. Aber heute, in dieser gesegneten Nacht, strahlte ich selbst,

der Steppenwolf Harry, dies Lächeln, schwamm ich selbst in diesem tiefen, kindhaften, märchenhaften Glück, atmete ich selbst diesen süßen Traum und Rausch aus Gemeinschaft, Musik, Rhythmus, Wein und Geschlechtslust, dessen Lobpreis im Ballbericht irgendeines Studenten ich einst so oft mit Spott und armer Überlegenheit mit angehört hatte. Ich war nicht mehr ich, meine Persönlichkeit war aufgelöst im Festrausch wie Salz im Wasser. Ich tanzte mit dieser oder jener Frau, aber nicht nur sie war es, die ich im Arm hatte, deren Haar mich streifte, deren Duft ich einsog, sondern alle, alle die andern Frauen mit, die im selben Saal, im selben Tanz, in derselben Musik wie ich schwammen und deren strahlende Gesichter wie große phantastische Blumen mir vorüberschwebten, alle gehörten mir, allen gehörte ich, alle hatten wir aneinander teil. Und auch die Männer gehörten dazu, auch in ihnen war ich, auch sie waren mir nicht fremd, ihr Lächeln das meine, ihr Werben das meine, meines das ihre.

Ein neuer Tanz, ein Foxtrott, eroberte sich in jenem Winter die Welt, mit dem Titel »Yearning«. Dieser Yearning wurde einmal ums andre gespielt und immer neu begehrt, alle waren wir von ihm durchtränkt und berauscht, alle summten wir seine Melodie mit. Ich tanzte ununterbrochen, mit jeder Frau, die mir eben in den Weg lief, mit ganz jungen Mädchen, mit blühenden jungen Frauen, mit sommerlich vollreifen, mit wehmütig verblühenden: von allen entzückt, lachend, glücklich, strahlend. Und als Pablo mich so strahlen sah, mich, den er immer als einen sehr beklagenswerten armen Teufel angesehen hatte, da blitzten seine Augen mich glückselig an, er stand begeistert von seinem Orchesterstuhl auf, stieß heftig in sein Horn, stieg auf den Stuhl, stand oben und blies mit vollen Backen und wiegte sich und sein Instrument dazu wild und selig im Takt des Yearning, und ich und meine Tänzerin warfen ihm Kußhände zu und sangen laut mit. Ach, dachte ich zwischenein, mag mit mir geschehen, was da wolle, einmal bin doch auch ich glücklich gewesen, strahlend, meiner selbst entbunden ...

Ernst Penzoldt

Zirkusbesuch

Im Zirkus ist die Erde noch eine Scheibe im Sinne der Alten und der Himmel ist das Zelt. Ringsum der Ozeanfluß, das flutende, brandende, klatschende Publikum, den »Schaumköpfchen« des Meeres vergleichbar, des tausendäugigen. Der Zirkus ist ein Gleichnis der Welt, und du siehst im Laufe einer Vorstellung die blasse, sägmehlbepuderte Scheibe sich bevölkern mit schwarzen, braunen, gelben, weißen Menschen und mit der gezähmten Kreatur beider Hemisphären. Auch das Zeltfirmament belebt sich mit beseelten Planeten, mit schwebenden, schwingenden Himmelskörpern zwischen einem hier sichtbaren System astronomischer Ordnung. Denn alles ist sichtbar in der Zirkuswelt, es fehlt die Rückendeckung des Theaters: von allen Seiten kann sich das Spiel der Gaukler sehen lassen.

Es ist ein Spiel von Mensch zu Mensch, zwischen Mensch und Tier, ja ein Spielen mit dem Tod, und es gehört dazu, daß der Akrobat nach einem halsbrecherischen Kunststück ins Publikum lächelt, als sei das alles gar nicht so schwer, man möge es nicht so ernst nehmen. Künstliche Sonnen lassen alles im rosigsten Licht erscheinen: die kriegerische Marschmusik begleitet nur ein Spiel, die französische Generalslivree ist hier ebenso ungefährlich wie die englische Uniform der Kapelle. Es gilt die soldatische Ehrenbezeigung der Handaufnahme; Orden aller Potentaten schmücken wohlverdient die Brust, und die Fahnen aller Nationen hängen friedlich beieinander. Weltbürger ist, wer zum Zirkus gehört.

In diesem lebensgroßen Humpty-Dumpty-Spielzeug, in dieser geliebten Welt des Sägemehls, der Gala und des unvergeßlichen Artistenzeremoniells, in diesem Zelt der Spannung und Geistesgegenwärtigkeit wird mühselige, langjährige, gefahrvolle Arbeit so zur Schau gestellt, daß sie heiteres Spiel zu sein scheint. Wenn der Trapezkünstler hoch oben, ehe er zu arbeiten beginnt, so gemächlich herabschaut, so sieht das aus, als wolle er eben mal ein bißchen schaukeln, und der Schein der Mühelosigkeit, als sei das Radschlagen etwa doch das natürliche Fortbewegungsmittel, beschämt den Zuschauer, der jetzt erst bemerkt, was sein Körper alles nicht kann.

Und wenn dann plötzlich die Musik mitten im Satz abbricht und jener kleine Ausruf, dieses kurze Hopp der Bravourleistung erklingt, sind wir ganz verzaubert und außer uns.

Quellenverzeichnis

Alain, Reisen, S. 112. Aus: Alain, Die Pflicht, glücklich zu sein. Übersetzt von Albrecht Fabri. © Suhrkamp Verlag Frankfurt am Main 1987

Annette Amrhein, Gartenfreuden, S. 52, Originalbeitrag © Annette Amrhein. Abdruck mit freundlicher Genehmigung der Autorin

Maria Antas, Putzen, S. 107. Aus: Maria Antas, Wisch und weg. Ein Buch über das Putzen. Aus dem Finnlandschwedischen von Ursel Allemann. Mit Illustrationen von Kat Menschik © Insel Verlag Berlin 2015

Elizabeth von Arnim, Zauber des Frühlings*, S. 43. Aus: Elizabeth von Arnim, Verzauberter April. Roman. Aus dem Englischen von Adelheid Dormagen. © Insel Verlag Frankfurt am Main und Leipzig 1992

Jürgen Becker, Bahnfahren* [Umgebungen], S. 13. Aus: Jürgen Becker, Umgebungen. © Suhrkamp Verlag Frankfurt am Main 1970

Walter Benjamin, Café crème, S. 30. Aus: Walter Benjamin, Denkbilder. © Suhrkamp Verlag Frankfurt am Main 1982

Thomas Bernhard, Fahrrad fahren*, S. 37. Aus: Thomas Bernhard, Kind. In: Autobiographische Schriften. © Residenz Verlag St. Pölten – Wien 2010

Claire Beyer, Im Thermalbad, S. 139, Originalbeitrag. © Claire Beyer. Abdruck mit freundlicher Genehmigung der Autorin

Peter Bichsel, Gespräch mit Freunden* [Paris erzählen], S. 56. Aus: Peter Bichsel, Kolumnen, Kolumnen. © Suhrkamp Verlag Frankfurt am Main 2005

Lily Brett, Kochen* [Auszug aus »Essen«], S. 72. Aus: Lily Brett, Zu sehen. Aus dem Amerikanischen von Anne Lösch. © Suhrkamp Verlag Frankfurt am Main 2008, Einkaufsbummel* [Auszug aus: Spandex House], S. 34. Aus: Lily Brett, Immer noch New York. Aus dem amerikanischen Englisch von Melanie Walz. © Suhrkamp Verlag Frankfurt am Main 2014

Eva Demski, Ein Wein voller Weine, S. 158, Gang durch die Markthalle*, S. 92. Aus: Eva Demski, Rund wie die Erde. Kulinarische Geschichten. © Insel Verlag Berlin 2012

Ellen Dunne, Wie der Wind, S. 163, Originalbeitrag. © Eva-Maria Oberauer. Abdruck mit freundlicher Genehmigung der Autorin

Theodor Fontane, Im-Bett-Bleiben*, S. 15. Aus: Theodor Fontane, Lerne denken mit dem Herzen. Selbstbildnis, Lebensweisheit, Weltbetrachtung. Ausgewählt von Karl Christoffel. Verlag Lambert Schneider Heidelberg, o. J.

Gustave Flaubert, Opernbesuch*, S. 101. Aus: Gustave Flaubert, Madame Bovary. Roman. Aus dem Französischen von Maria Dessauer. © Insel Verlag Frankfurt am Main und Leipzig 1996

Max Frisch, Regen*, S. 110. Aus: Max Frisch, Der Mensch erscheint im Holozän. In: Gesammelte Werke in zeitlicher Folge. Band VII: 1976-1985. Herausgegeben von Hans Mayer. © Suhrkamp Verlag Frankfurt am Main 1968

Peter Handke, Der geglückte Tag*, S. 133. Aus: Peter Handke, Versuch über den geglückten Tag. Ein Wintertagtraum. © Suhrkamp Verlag Frankfurt am Main 1991

Hermann Hesse, Urlaub im Schnee*, S. 145. Aus: Winterbrief, 1911. In: Hermann Hesse, Gesammelte Briefe in vier Bänden. In Zusammenarbeit mit Heiner Hesse herausgegeben von Ursula und Volker Michels. © Suhrkamp Verlag Frankfurt am Main 1973-1986, Yearning tanzen*, S. 167. Aus: Hermann Hesse, Steppenwolf. In: Gesammelte Werke in zwölf Bänden. Siebter Band. © Suhrkamp Verlag Frankfurt am Main 1970

Tom Hodgkinson, Brotbacken, S. 16. Aus: Tom Hodgkinson, Schöne alte Welt. Ein praktischer Leitfaden für das Leben auf dem Lande. Aus dem Englischen von Anita Krätzer. Rogner & Bernhard, Berlin 2011 © 2016 by Kein & Aber AG, Zürich – Berlin

Gabriela Jaskulla, Jogging*, S. 65. Aus: Gabriele Jaskulla, Septembermeer. Roman. © Insel Verlag Berlin 2016

Mascha Kaléko, Ein vertrödelter Sonntag, S. 120. Aus: Mascha Kaléko, Das lyrische Stenogrammheft. Kleines Lesebuch für Große. Copyright © 1978 by Rowohlt Taschenbuch Verlag GmbH, Reinbek bei Hamburg

Marie Luise Kaschnitz, Herbst – Meine Jahreszeit, S. 59. Aus: Marie Luise Kaschnitz, Tage, Tage, Jahre. Aufzeichnungen. © Insel Verlag Frankfurt am Main 1976

Else Lasker-Schüler, Vögel beobachten* [Vögel], S. 148. Aus: Else Lasker-Schüler, Gesammelte Werke in drei Bänden. 3. Band: Verse und Prosa aus dem Nachlaß.

Herausgegeben von Werner Kraft. Kösel Verlag München © Jüdischer Verlag im Suhrkamp Verlag Frankfurt am Main

Aude Le Corff, Vorlesen*, S. 153. Aus: Aude Le Corff, Bäume reisen nachts. Roman. Aus dem Französischen von Claudia Steinitz. © Insel Verlag Berlin 2014

Lars Mytting, Holzhacken, S. 61. Aus: Lars Mytting, Der Mann und das Holz. Vom Fällen, Hacken, Feuermachen. Aus dem Norwegischen von Günther Frauenlob und Frank Zuber. © Insel Verlag Berlin 2014

Christine Nöstlinger, Ausspannen!, S. 8. Aus: Christine Nöstlinger, Liebe macht blind – manche bleiben es. Herausgegeben von Hubert Hladej. © 2012 Residenz Verlag GmbH Salzburg – Wien

Cees Nooteboom, Teezeremonie* [Auszug aus »Tee ohne Zucker«], S. 135. In: Cees Nooteboom, Gesammelte Werke. Band 8: Essays und Feuilletons. Aus dem Niederländischen von Helga van Beuningen. Herausgegeben von Susanne Schaber. © Suhrkamp Verlag Frankfurt am Main 2006

Hanns-Josef Ortheil, Die Schönheit der Nacht, S. 97. Aus: Hanns-Josef Ortheil, Venedig. Eine Verführung. Insel Verlag Berlin 2012. © Sanssouci im Carl Hanser Verlag, München 2004

Karl-Heinz Ott, Bügeln, S. 24, Originalbeitrag. © Karl-Heinz Ott. Abdruck mit freundlicher Genehmigung des Autors

Ernst Penzoldt, Musik der Insel, S. 63, Nichtstun* [Auszug aus »Sand«], S. 100. Aus: Mit eigenen Augen. In: Ernst Penzoldt, Gesammelte Werke in sieben Bänden. Sechster Band. Herausgegeben von Ulla Penzoldt und Volker Michels © Suhrkamp Verlag Frankfurt am Main und Leipzig 1992, Zirkusbesuch* [Auszug aus »Zirkus – ein Gleichnis der Welt«], S. 170. Aus: Gleichnis der Welt. Betrachtungen über Natur, Kunst, Politik, Literatur, Reisen, Menschen und Dinge. In: Ernst Penzoldt, Gesammelte Werke in sieben Bänden. Siebter Band. Herausgegeben von Ulla Penzoldt und Volker Michels © Suhrkamp Verlag Frankfurt am Main und Leipzig 1992

Francis Ponge, Kartoffeln schälen* [Die Kartoffel], S. 70. Aus: Francis Ponge, Ausgewählte Werke. Stücke, Methoden. Deutsch von Gerd Henninger. © S. Fischer Verlag GmbH, Frankfurt am Main 1968

Marcel Proust, Madeleine, S. 85. Aus: Marcel Proust, Auf der Suche nach der verlorenen Zeit. Werke in 10 Bänden. Band 1: Unterwegs zu Swann. © Suhrkamp Verlag Frankfurt am Main 1979

Rainer Maria Rilke, Augenblick*, S. 7. Aus: Rainer Maria Rilke, Fragment von den Einsamen. In: Sämtliche Werke. Herausgegeben vom Rilke Archiv. In Verbindung mit Ruth Sieber-Rilke besorgt durch Ernst Zinn. Band 5. Insel Verlag Frankfurt am Main 1955-1956

Johannes Roth, Der Garten im Winter* [Was macht der Gärtner im Winter], S. 48. Aus: Johannes Roth, Gartenlust. Fünfzig Blumenstücke und Anleitungen zur gärtnerischen Kurzweil. © Insel Verlag Frankfurt am Main und Leipzig 1992

Wilhelm Schmid, Malerei* [Im blühenden Garten], S. 90, Schokopathie, S. 118. Aus: Wilhelm Schmid, Die Fülle des Lebens. 100 Fragmente des Glücks. © Insel Verlag Frankfurt am Main und Leipzig 2006

Wolfdietrich Schnurre, Frühstück* [Was ich für mein Leben gern tue], S. 40. Aus: Wolfdietrich Schnurre, Was ich für mein Leben gern tue.-Hand- und Fußnoten. Verlag Ullstein GmbH, Frankfurt am Main/Berlin/Wien 1980. Abdruck mit freundlicher Genehmigung von Marina Schnurre

Betty Smith, Die Welt der Bücher*, S. 18. Aus: Betty Smith, Ein Baum wächst in Brooklyn. Roman. Aus dem Amerikanischen von Eike Schönfeld © Insel Verlag Berlin 2017

Felix Timmermans, Schnee*, S. 116. Aus: Felix Timmermans, Pallieter. © Insel Verlag Frankfurt am Main und Leipzig 1992

Rose Tremain, Schlittschuhlaufen*, S. 114. Aus: Rose Tremain, Und damit fing es an. Roman. Aus dem Englischen von Christel Dormagen. © Insel Verlag Berlin 2016

Robert Walser, Dinerabend, S. 31. Aus: Robert Walser, Prosa. Auswahl und Nachwort von Walter Höllerer. © Suhrkamp Verlag Frankfurt am Main 1960 und die Carl Seelig Stiftung, Zürich, Das Lachen, S. 83. Aus: Robert Walser, Kleine Dichtungen © Suhrkamp Verlag Frankfurt am Main 1985 und die Carl Seelig Stiftung, Zürich, Musik, S. 95. Aus: Robert Walser, »Das Beste, was ich über Musik zu sagen weiß«. Herausgegeben und mit einem Nachwort versehen von Roman Brotbeck und Reto Sorg, unter Mitarbeit von Gelgia Caviezel. Insel Verlag Berlin 2016 © Suhrkamp Verlag und die Carl Seelig Stiftung, Zürich, Der Spaziergang, S. 126. Aus: Robert Walser, Sämtliche Werke in Einzelausgabe. Herausgegeben von Jochen Greven. Fünfter Band. © Suhrkamp Verlag Frankfurt am Main und Zürich 1978 und 1983/Carl Seelig-Stiftung, Zürich

Franziska Wolffheim, Capri in der Badewanne, S. 10, Originalbeitrag. © Franziska Wolffheim. Abdruck mit freundlicher Genehmigung der Autorin

Jonglieren, S. 68. Aus: Schlesische Sonntagszeitung, März 1944, zit. nach: Reinhold Batberger, Der Jahrhundertjongleur Francis Brunn. Ein Portrait. © Insel Verlag Frankfurt am Main und Leipzig 2008

* Titel von der Herausgeberin